税理士の
実務に役立つクールな話題

関根 稔 & taxMLのメンバー［著］

財経詳報社

はじめに

コロナ禍で社会は大きく変わったのですが、税理士業界はコロナ前と同じようなテーマの講演会を開催し、同じようなタイトルの書籍を出版している。行政法という限界があって、政府が提供する情報に頼らざるを得ないとしても、現実の実務は納税者と税理士、そして税務職員を中心に動いているのです。

私たちは税法と税法関連業務の情報を交換するメーリングリスト（taxML）を開催しています。そこでの議論のテーマは現場の生の情報です。政府のように公定力はなく、裁判所の判決や、大学教授の意見のような権威もありません。しかし、現場で議論されるテーマこそが税理上の知恵だと思うのです。

taxML は情報を交換するだけではなく知識を交換し、知識を交換するだけではなく経験を交換し、経験を交換するだけではなく原理原則、価値観、哲学を交換するメーリングリストです。

その趣旨で taxML の日々の議論を切り取って作成したのが『税理士の実務に役立つホットな話題（令和４年７月２６日刊）』ですが、それに続く第２弾として執筆したのが本書です。執筆者は taxML の全員ですが、特に編集担当として執筆に係わったのが次のメンバーです。

相田裕郎・朝貝義幸・朝倉正夫・川嶋利洋・川辺聡・黒澤直弓・木塚たか子・佐々木克典・白井一馬・高田博行・田中良幸・永井智子・長尾幸展・福井規之・船戸明・松本慎太郎・水戸圭介・三村雄一・三浦希一郎・山塚陽平

2022年12月

関 根　稔

目　次

2022年 4 月 3 日～ 4 月 9 日

実務に役立つクールな話題　**賃貸物件を処分した後の借入金利息**

テーマ　いくつかの賃貸物件を所有する個人が、その１つを売却します。売却代金5000万円では、この物件の借入金6000万円が返済しきれないので、借入金債務1000万円が残りますが、残った借入金の利息は、残った賃貸物件についての不動産所得の必要経費で良いのでしょうか。

● パン屋とパスタ屋を経営する事業主が、パン屋を廃業しても、パン屋の開業資金の利息は事業所得（パスタ屋）の必要経費です。事業の種類毎に所得計算を別にする理屈はありません。これは不動産所得についても同様です。

● いや、違います。所得税法は、事業所得と不動産所得を区別せず、固定資産を取得するための借入金利息は、各々の資産に按分して、その後の所得計算を管理します。固定資産の取得のための借入金については、その利息を取得価額に加算する場合があるので、各々の固定資産に按分して管理する必要があるのです（所得税基本通達38－８）。

● 固定資産は、購入された後に、①賃貸用として不動産所得に供され、②店舗として事業所得に供され、③居住用として生活に供され、あるいは④遊休資産のこともあります。さらに利用目的が途中で変更されることもあります。店舗用の建物を賃貸用に転換し、さらに居住用に変更する。それらの用途によって利息の処理が異なるので固定資産と紐付きで借入金を管理する必要があるのです。

● 借入金を、固定資産に紐付きで管理する理屈は、所得税基本通達38－８の４（固定資産を取得するために要した借入金を借り換えた場合）、同38－８の５（借入金で取得した固定資産の一部を譲渡した場合）、同38－８の６（借入金で取得した固定資産を買い換えた場合）で宣言されています。

● これらの通達は、不動産所得に限った通達ではないので、事業所得のために取得される固定資産や、居住用資産を取得した場合の借入金利息についても共通して適用されます。

● しかし、物件を売却して返済しきれなかった借入金は、消費生活の借入金ではなく、事業活動によって生じた借入金ですから、残りの物件の賃料から返済し、利息も残りの物件の賃料から支払うのは当然です。賃料の支払いが必要経費と認められないのは所得計算の理屈に反します。固定資産の売却代金を他の用途に消費して借入金だけを残したり、賃貸物件を居住用に転用したのに借入金だけを残す。そのような処理を否定するための取り扱いに限ると解すべきです。

● 通達が定めるのは、当該資産についての借入金とみなす金額の計算であって、当該資産の借入金とみなされなかった部分については何も論じていません。したがって、「売却代金5000万円では、この物件の借入金6000万円が返済しきれないので、借入金債務1000万円が残る」という事案なら、その残った1000万円は不動産賃貸業の借入金として、支払うべき利息は、その後の不動産所得の必要経費になります。支店の開業の為に必要になる多様な固定資産を購入するための借金は、その支店を撤退した後にも事業所得の必要経費になるのと同じです。

2022/4/4

実務に役立つクールな話題　**欠損金を増額する更正の請求が許される場合**

テーマ　回収不能の売掛金が放置されていたが、いま調べると８年前に債務会社は消滅している。欠損金を増額する更正の請求は10年について可能だが、私は、これを経験していない。８年前が所得（黒字）申告の場合はダメで、欠損（赤字）の場合は更正の請求を認める。その理屈が分からない。

● ８年前が欠損申告の場合なら更正の請求を認める。８年前が所得（黒字）申告なら５年分しか認めない。では、今回の貸倒損失を計上したら損失になる場合も更正の請求を認めるのか。つまり、８年前の所得が1000万円の場合に、貸倒損失2000万円を計上する更正の請求です。

● 青色欠損金は10年前の事実でも、今年の所得の計算に影響を与えます。だから課税庁は繰越欠損金の発生年度の所得計算を調べる必要がある。それが青色欠損金について10年間の更正処分を可能にし（国税通則法70条２項）、その見返りに10年間の更正の請求を認めた理由です（同法23条１項）。

- なるほど。今年に繰り越された青色欠損金が過大な場合は、その発生年度に遡って更正処分をする必要がある。その趣旨からすれば８年前に所得を申告している場合は、更正の請求によって欠損になる場合でも５年しか更正の請求は認めない。８年前が所得申告なら、その所得について課税庁にも５年分しか更正処分をする権限が無いのですから。
- なるほど。その翌年度以降の所得計算について、その年度に発生した繰越欠損金が影響を与える場合が10年間の更正の請求の対象なのですね。それは、あくまでも今年の課税所得額を調べるために必要なのですね。
- 通則法は税理士に馴染みが無く、ここでの議論も実務での検証は得ていませんので、実際に、そのような事案が登場した場合は課税庁に確認するとして、仮に、知識を位置づけるとしたら上記の具合と理解しておくことにします。

2022/4/5

実務に役立つクールな話題　**相続分の譲渡の課税関係**

テーマ　相続分の無償での譲渡について、贈与税の申告をするが、贈与税の課税価格の算定は、どの時点の財産で行うべきなのか。

- 相続分が、他の相続人に譲渡された場合なら、遺産分割の手段としての相続分の譲渡になる。無償による譲渡なら、譲渡者の相続分はゼロになり、譲り受けた相続人は２人分の相続分を有することになる。自己の相続分に加えて譲り受けた相続分について相続税を申告する。つまり、「譲渡人については法定相続分から譲渡した相続分を控除したものを、譲受人については法定相続分に譲り受けた相続分を加えたもの」という計算をすることになります（最高裁平成５年５月28日判決）。
- 相続分が、相続人以外の他人に贈与された場合なら、相続人は、法定相続分相当の相続を受けたものとして相続税を申告した上で、相続した個々の財産（共有持ち分）を受贈者に贈与したことになる。評価の時点は、通常の贈与と同じように贈与の時点で評価する。

- 相続分が法人に譲渡された場合だと、相続分が無償で譲渡された場合でも所得税法59条のみなし譲渡課税の適用を受けることになってしまう。法人は受贈益に法人税の課税を受けることになる。
- 相続人が相続分を譲り受けた場合なら通常の遺産分割になる。しかし、第三者が譲り受けた場合にどのような課税関係が生じるのか。これについては先例が無く、解説した文献も見当たらない。そこで大胆に課税関係を想像してみれば次のようになると思う。まず、相続財産にA、B、Cの三つの土地が存在した場合には、譲受人はA、B、Cの三つの土地についての法定相続分に対応する持分を譲り受けたものとして贈与税の課税を受ける。その後の遺産分割で譲受人がA土地を取得することになった。その事実と整合性を持たせようと思えば、譲受人は、A、B、Cの三つの土地の法定相続分とA土地の単独所有権を交換したことになる。
- 遺産分割に代わる手段として、他の相続人に相続分を譲渡するのは、その二人の間の遺産分割の効果があって、贈与者は相続紛争から離脱できる効果があります。しかし、他人への相続分の譲渡や、さらには法人への贈与などは課税関係が面倒で、かつ、課税額も多額になる恐れがあるので実行しないのが無難です。
- 誰かが、他人に相続分を譲渡したら、相続人の誰かが民法905条に基づいて相続分の取戻権、つまり、「共同相続人の１人が遺産の分割前にその相続分を第三者に譲り渡したときは、他の共同相続人は、その価額及び費用を償還して、その相続分を譲り受けることができる」を実行して課税関係の複雑化を避けるのが無難です。

2022/4/5

実務に役立つクールな話題　**父の所有する倉庫を娘が賃貸する**

テーマ　父の所有する賃貸倉庫を、父と娘の間で使用貸借契約を締結した上で、娘を賃貸契約の当事者とし、娘の名で所得税の申告をし

ても問題ないか。

● 建前としてはダメです。所得税法12条の「実質所得者課税の原則」で、所有者が果実を取得するのが原則です。もし、娘が賃料を取得すれば、娘に贈与税が課税されることになります。

● ただ、所得税については、誰が申告していても、全額が申告されていれば税務署は気にしません。相続で共有状態の賃貸物件の賃料などは、仮に、長男が申告している事案が多いと思います。

● いや、しかし、「誤りやすい事例」では「共有物件を賃貸し、その賃料の全部を１人の所得として申告している」という事例について、「資産から生ずる所得は、原則としてその所有者（共有の場合には、各人の持分割合）に帰属する」と解説している。

● それは当たり前の解説です。では、共有物件について、誰か一人の申告が否認された経験があるか。相続財産が未分割の場合に法定相続分の申告だと指摘されたことがあるか。そのような指摘を受けることはないと思います。それに通常の場合は、誰か一人に寄せれば超過累進税率の関係で納税者が不利になります。

● 小さな金額なら安心ですが、月額で数千万円の賃料について、相続人の１名の申告で良いのか。税務署に確認したことがありますが、誰の名でも全額が申告されていればOK。相続人の関係に口出しして、法定相続分で所得税を申告させることなどは無理だと認識しているようです。

● しかし、正確な所得を申告するのが正しく、正確な所得は所有者が賃料を計上する所得税の申告です。相続が発生し、貸家建付地評価減や小規模宅地評価減に影響が及ぶと面倒です。

2022/4/5

実務に役立つクールな話題 **役員賞与について株主総会決議の要件**

テーマ　役員報酬について、株主総会で年１億円以内と定めている会社が役員賞与を支給します。限度額の範囲内であれば賞与に関する総会決議は不要ですね。

● 商法の時代は役員賞与は利益処分でしたが、いまは役員報酬の一部です。区分しての総会決議は必要がありません。

● 株主総会で報酬の限度額を決議しておけば、その後、事業年度が終了し、あるいは役員が入れ替わった場合においても、報酬決議をやり直す必要はありません（大阪地裁昭和２年９月26日判決）。

● 取締役の報酬額の決定を無条件で取締役会に一任することは、取締役報酬の決定を総会決議とした法の趣旨に反するので許されません。しかし、取締役全員の報酬総額を株主総会で決議し、その配分を取締役会に一任することは可能（最高裁昭和60年３月26日判決・判例時報1159号150頁）。さらに、取締役会が、各々の取締役の報酬の決定を代表取締役に再委任することも有効です（最高裁昭和31年10月５日判決）。

● つまりは、株主総会で将来の報酬限度額を１億円と決議し、取締役会に一任し、取締役会は代表取締役に一任するのが通例です。誰を取締役にするか、誰にいくらの給料を支払うかを決定する人事権こそが社長の権限です。そんなことを合議で定めることは現実的ではありません。

● 必要なのは税務の定期同額給与の支給額を守ることと、事前確定届出給与の届出と支払い方法を失念しないことです。

2022/4/5

実務に役立つクールな話題　**メール時代の文章術**

テーマ　情報技術のマネージャーに部下のどういうメールに困惑するかを尋ねたところ、長いメールを挙げる人が多かった。そんな記事がありましたが、メールの文化が広まってから20年が経過し、まだ、読み難いメールがあります。

● 冗長な文章はメール文化の未開人。パソコン１画面で完成する。短歌ではなく、五七五の俳句のように書く。日本語は見た目で読める美しさとリズムがあるのです。

● 新聞のように１つの内容を一文で説明する。一文の長さは可能な限りは１行で完成する。メールの内容に自分の思いを込めない。表現はシンプル、クール、端的に明瞭に、語尾を短く。

- 書式が崩れたメールは読み難い。改行位置が揃っていないとか、空の改行が続くとか。発信者のパソコン環境では綺麗に表示されるのだと思うが、それが一般的な設定ではないので受信者側ではガタガタ。
- 読む人の時間を節約する。特に、多数人に読ませるメーリングリストの場合はなおさら。１分の文章でも300人が読めば300分で、600人が読めば10時間。中身の無いメールをタイムチャージで計算したら最低でも10万円の無駄。
- 目が見えても絵は描けないように、言葉が話せても文章は書けない。文章を書くのには自分を客観視する視点が必要です。書き手の視点ではなく、読み手の視点で書く。書き手の思いを込めた文章は面倒くさい。
- メールでは上手なタイトルを付けて中身を表現するのもテクニック。「こんにちは」とか、「よろしくお願いします」ではなく、「相続税の基礎控除の件」と書くべきです。
- 大人の世界ですから、誰も、メールの書式について注意してくれません。自分で注意しないとIT未開人であることをメールの度に披瀝することになる。内容まで信用を失ってしまうので勿体ない。

2022/4/6

実務に役立つクールな話題 **監査役報酬の決め方**

テーマ　監査役報酬は取締役報酬と区別して決定する必要があります（会社法387条）。どのような方法で決定していますか。取締役と同じ限度額の決議ですか。

- 監査役について限度額の決議は危険です。監査役が、自分で、限度額まで報酬を増額してしまえるからです。もちろん、経営者との信頼関係があれば、そのような事態は生じません。
- 千葉地裁の令和３年１月28日判決ですね。「監査役において、株主総会が定めた最高限度額の範囲内で報酬額を決定する限り」「基本的には善管注意義務に反するところはない」と増額決定を許しています。

● 監査役が一名の場合は勝手に増額できてしまいます。千葉地裁の事案は「平成27年５月26日以前は、非常勤監査役との二人体制であったものが、同日以降、原告による一人体制になったものである」という事実認定です。

● 株主総会が定めた監査役報酬の最高限度額は月額100万円で、実際には月額65万円が支払われていたところ、監査役が月額100万円に増額してしまった。経営者にしてみたら腹の立つことで訴訟にまでなってしまった。そして、敗訴したのだから、さらに腹が立つ。

2022/4/6

実務に役立つクールな話題 **働き方改革の先にあるのは税理士の生活**

テーマ　この頃の働き方改革のニュースを見ていると、その先に実現するのは税理士の働き方という感じを受けます。テレワーク、フリーランス、45歳定年制。その後に登場するのは税理士のような働き方です。

● サラリーマンと比較したら、上司の顔色をうかがう必要のない生活、仲間内の競争のない生活、給与や賞与の査定のない生活、顧客を選べる生活、営業活動のない生活、自分の価値観で判断できる生活。フレックスタイムも可能な生活、スーツを着る必要がない生活、満員電車に決まった時間に乗らなくて良い生活。転勤も定年退職もない生活。仕事の後に仲間内で飲み会をしなくて済む生活、取引先との神経を使った接待の必要がない生活。

● サラリーマンが働き方改革でたどり着いて、ふと、考えたら、これって税理士の働き方だと思うはず。自分自身の知識と経験、それにパソコンがあればやっていける生活。儲かれば、それが自分の実力、儲からなければ、それも自分の実力。

● 私は、自宅でテレワークをするより、事務所に出勤してのテレワークの方が楽しいと主張しています。自分の事務所は自宅のリビングと同じです。自宅でテレワークしても集中が維持できない。わざわざ田舎に行ってテレワークをする理由もない。

● この気分を職員にも提供することです。地方の税理士は自前の事務所を建築する方が多い。そうであるなら東京のオフィス型の事務所を建築するのではなく、自宅の居間型、子育て可能型。そんな事務所にして、各々の部屋で職員に働いてもらうことにすれば良い。職員さんの子が学校から帰ってこられるようにキッズルームを作ったら楽しいです。そうすれば事務所に出てテレワークするなんて気分になれます。

2022/4/7

実務に役立つクールな話題　**10年前の親から子への資金移動と相続税**

テーマ　成人した息子に10年前に500万円の資金贈与（息子の生活用通帳への振込）があった。その後、親への返済の事実が一度もない場合には、贈与契約書がなくても10年前の贈与と判断して良いか。

● そもそも、なぜ、10年前の贈与をほじくり返すのか。ほじくり返した上で議論するから難しくなる。ほじくり返さなければ誰も気づかない。

● 国税 OB から調査選定先については過去10年分の預金履歴を確認しているという話を聞いたこと、税理士会主催の研修会で資産税専門の事務所の税理士が似たような話をしていたことから、10年分の預金履歴をザックリ確認することにしました。

● 国税 OB の人たちは、知ったかぶりをして「もっともらしい」嘘を言いたがる。「10年前ならバレない」とは語れない。10年前の貸付金が認定された事案もあるだろう。しかし、10年前の預金の収支なんて誰も覚えていない。その間に利息も支払われず、返済も行われず、返済の請求もない。まして一方当事者は死んでしまっている。「それって戦前の話ですか」と答えれば笑って終わりです。

● いや、しかし、3年前なら遡り、6年前でも遡る。7年前ならどうするか、10年前なら無視で良いのかと考え出すと明確な区切りがない。300万円なら無視しても、3000万円でも無視できるのか。

● 無難な意見、さらには「もっともらしい嘘」を語るのではなく、経験実感を断言できるからプロなのだと思います。あり得ることと言いだしたら20年前の資金の移動だって貸金の可能性があります。

仮に、税務署が10年分について銀行の取引明細を入手していたとしても、それはそれです。

2022/4/8

実務に役立つクールな話題 **税理士が損害賠償金を支払った場合の課税関係**

テーマ　税理士に課税関係の選択ミスがあって500万円の追加納税が生じた。そこで500万円の本税相当を賠償したが、この賠償金を益金として課税される200万円の税負担も追加して税理士に対する損害賠償請求の対象になるのか。

● 追加の納税額を請求されても、税理士側では200万円の税負担は税理士職業賠償責任保険の対象外です。約款には「被保険者から受け取る損害賠償金を雑収入その他の益金として計上することにより、被害者が納付すべき法人税、所得税、住民税その他の租税の額が増加したことに起因する損害を含みません」と保険対象から除外しています。

● 民事上の責任でも賠償責任の対象外です。「原告が支払を受けた損害賠償金に課税されることがあったとしても、その課税額相当分を損害賠償額の算定に当たって考慮することはできない」とするのが判決です（前橋地裁平成14年6月12日判決、東京地裁平成22年12月8日判決）。

● 500万円の損害賠償金に課税される法人税相当額200万円を賠償したら、その賠償金に課税された法人税80万円が損害賠償の対象になり、さらに、その賠償金に課税される法人税相当を賠償する。そのような無限の連鎖を生む理屈を裁判所は好みません。

● ただ、それらは法人税の理屈であって、損害賠償金の支払いを受けたのが個人の場合は、賠償金の500万円は非課税です。「税理士職業賠償責任保険に基づく保険金を損害賠償金として関与先である顧客が受け取った場合」という質疑応答に非課税という回答が出ています。しかし、逆に、税理士のミスで過大な消費税を納税し、それを賠償した場合は収益に計上するという文書回答事例もあります。

● なるほど。過大に納付した所得税の賠償を受けた場合は納税者に利得は無い。しかし、過大に納付した消費税（必要経費）は節税になっているのだから、それに見合う賠償金は収益に計上する。そのような理屈ですね。

2022/4/8

実務に役立つクールな話題　**日本赤十字への不動産の遺贈**

テーマ　日本赤十字社のパンフレットを手にしたが、不動産や有価証券の遺贈も受けると解説している。その場合の遺言文書は次だが、これは不動産の遺贈なのか、換価代金の遺贈なのか。

「遺言者は遺言者が所有する次の財産について、遺言執行者において全てを換価し、換価金の中から諸経費、相続債務、譲渡所得税・住民税等を支払い遺言執行の費用及び報酬を控除した残金の中から、左記の通り遺贈する。」

- パンフレットの例示では遺贈する財産として不動産が特定されているので不動産のようにも思えるし、換価代金の遺贈のようにも思えます。もっとも受遺者は遺贈の放棄ができるのだから問題のある不動産は受け取らないこともできます。市区町村に相続財産である土地を寄附しようと思ったところ、受け取ってもらえませんでした。
- 包括遺贈だと、また、別の議論が必要になるが、債務を承継してしまい、３ヶ月内の相続放棄手続きが必要になる。特定遺贈によって行われると考えて間違いはないと思う。
- 遺言執行者に換価権限を与えることが可能なのか。次のような登記先例があって、「貴見のとおりと考えます」という回答がでているが、これは「相続人不存在の場合における清算型遺言による登記手続」であって相続人が存在する例ではない。
- 「相続人のいない遺言者が、遺言者名義の不動産を売却・換価し、その代金を債務に充当して、残金を遺贈する旨の遺言を残して死亡した場合、遺言執行者が選任又は指定されているときは、改めて相続財産管理人を選任しなくても、遺言執行者の申請により相続財産法人名義への登記名義人表示変更の登記をした上で、遺言執行者と当該不動産の買受人との共同申請により、所有権移転登記をすることができるものと考えますが、いかがでしょうか。」

- 相続人が存在しないのなら譲渡所得の準確定申告は相続財産法人が担うことになる。しかし、相続人が存在する場合は、①不動産の遺贈なら譲渡所得は準確定申告で、②換価代金の遺贈なら売却が成立するのは相続後になるので、譲渡所得を申告するのは相続人になってしまう。
- 日本赤十字社がパンフレットまで作って広告する手法ですから、その辺りの課税関係は解決済みと思いますが、この文例を親族内の遺贈に利用しようと思うと、換価手続を実行すべきは誰なのか、譲渡所得の税負担者が誰なのかは気になります。

2022/4/9

2022年４月10日～４月16日

実務に役立つクールな話題　**メールは使わなくなったというIT経営者の発言**

テーマ　「社外とのコミュニケーションで、メールはほとんど使わなくなっています。SNSのDMが中心で、フェイスブックが5割、LINE 4割、ツイッターが1割という感じです」とIT経営者が語ります（プレジデント　2022年4月15日号)。しかし、違う媒体に入ってくる連絡をどうやって管理するのだろう。

● 私にも理解できない。Facebook（のメッセージ)、LINE、TwitterのDMとメディアが分かれたら、「A社からの連絡をもう一度読みたい」と思った時、それぞれを検索するようになります。ただ、チャット的な短文は、文章が書けない人には必須なのかもしれない。しかし、メールでそういうチャット的な短文を送っても良いわけです。

● どうしてもメールではなく、ショートメールで連絡したがる方がいます。おそらく、PCではなく、スマホで仕事を済ませたいのでしょうけれど。

● 例えば、A氏とのやりとりは、どのツールでどのファイルに保存したかが分からなくならないのか。統一のツールでやり続ける方が効率的だと思います。

● 私は、メールのスレッド表示がなかったら管理不能です。顧問先からのメール、仕事のメール、taxMLのメール、原稿のやり取りのメール、単発の相談事項のメールなどを区別し、各々のやり取りがスレッド表示にならなければ会話が遡れません。皆さん、メールに過去のやり取りをぶら下げてきますが、書式が崩れていて読めない場合が多い。

● 大企業なら共通言語があるので社内でのやり取りはチャット機能が便利だと思う。ファイルの送信のボタンひとつですし、煩わしい文章を長々と書く必要がない。顧客や案件ごとの専用グループがあり、そこで情報を集約しているそうです。

● 会社内という閉じたシステムなら汎用性にこだわる必要はない。ビジネス以外の友人とのやり取りなら、その場限りの連絡手法で済んでしまう。しかし、対外的な関係では、結局は、ホームページ、メール、ブログという古典的な３種のツールがビジネスでは使い勝手が良い。IT 起業家が新しいツールを売り出しますが、それに飛びつく必要はないし、使い熟していないことを恥じる必要もない。

2022/4/10

実務に役立つクールな話題　**定期同額給与と事前確定届出給与の思想**

テーマ　定期同額給与を支給しているが、年度の途中で報酬を増額した。その場合に損金算入が否認されるのは増額分だけだが、その条文はどこにあるのか。

● 法人税法施行令69条１項です。「当該事業年度終了の日までの間の各支給時期における支給額が同額であるもの」と定義しています。しかし、この辺りの課税関係は国税庁の「役員給与に関するＱ＆Ａ」を読まないと理解が難しい。

● 途中から増額した場合は、その増額分を「上積み分」とみなして否認し、途中から減額した場合は、過去の支払いに「上積み分」が存在したとみなして、定時総会の翌月以降の「上積み分」を否認します。

● しかし、事前確定届出給与は、届出額に加算して支給したら、支給額の全額がダメになる。最高裁平成28年３月８日判決です。会社は夏冬の賞与として各々1810万円を届け出ていた。そして役員５人に対して夏季賞与として1810万円を支払い、冬季賞与として1960万円を支払った。冬季賞与が事前の届出額よりも各人ともに少しずつ多かったのだが、それが理由で事前確定届出給与の全額が否認されました。

● 国税庁の OB の人達がこれは厳しいと論じている判決です。「例えば、確定額として50万円を届け出ており、その50万円に10万円増額して支給する場合、その10万円は、確定額50万円とは別枠の特別賞与として支払っているのであれば、確定額50万円の部分については事前確定届出給与として損金算入できるとも考えられます」（税務通信　No. 3458）。

- 定期同額給与のＱ＆Ａの解説に従えば「上積み分」だけの否認という理屈が採用されてよいと思います。ところが最高裁は事前確定届出給与の全額を否認しました。
- 会社と取締役の間の「１つの報酬契約」があって、それが事前確定と定期同額という二つの支払い方法になる。その意味で二つの報酬は同質だと思うし、取締役に報酬を支払う義務が二分される理由はない。そうしたら事前確定の場合も「上積み分」の思想を採用すべきと思います。それがOB税理士の批判ですが、最高裁は、そのような理屈を採用しなかった。裁判での争い方を間違えたのか、あるいは私たちの理解を超える理屈が存在するのか。
- 主税局は、定期同額と事前確定届出給与を「契約思想」で規制した。しかし、国税庁は、微妙に、この意図を理解せず、利益調整はダメとする従前の給与思想を採用しているように思います。つまり、利益処分案で役員賞与を決議していた頃の思想で、事前確定届出給与は、定期同額給与とは別の存在だという理解です。
- 仮に、10人の取締役に、各人について100万円の事前確定届出給与を届け出ておいて、利益を見ながら、３人だけ、５人だけに支払う方法で利益調整をするのは可能です。利益調整を防止するのが事前確定届出給与の趣旨だとしたら、法人税の問題なのだから、各人別に管理せず、法人が支払う総額としての役員給与が契約に従って支払われているか。それを管理するのが理屈だと思います。しかし、法人税法の管理は各人別の管理です。

2022/4/10

実務に役立つクールな話題

過大申告の方がリスクは大きい

テーマ　社長が大学院に通うと言いだした。会社の業務と関連するのだが、税務上の常識としては経費性は否認されると思う。しかし、税務調査では是認されてしまった。否認されると説明した税理士の立場がないが、このような場合に、どのように説明すべきだったのか。

- 大学院の費用が会社の損金として認められるとは思えません。ただ、税務調査のギャップを感じるのが医者の税務調査。医者の特例があるようで非常識が通ってしまう。

- 税理士の判断傾向として否認されたら困ると考えますが、是認されたら困るとは考えないですね。しかし、否認されたら困ると考えて100万円の経費を除外した場合の損失は40万円。否認されても良いと考えて100万円の経費を計上し、それが否認された場合の損失は加算税４万円と延滞税だけ。加算税は税理士賠償保険の対象外であることを考えても、過少申告より、過大申告の方が金額的なリスクは大きい。
- 税務調査に遭遇する可能性が３社に１社で、その税務調査でピックアップされる可能性が２分の１。相続税などは見直し税理士が暗躍する世界。現実的な対応としても、過少申告より、過大申告の方がリスクは大きい。税理士の生真面目さはリスクを大きくします。
- 一生懸命に税法を学ぶ人たちと、その辺りはルーズな人たちでミス率に違いはない。指摘されたら修正申告を提出しましょう。そのようにルーズに生きる人たちは、納税者との関係でもルーズで税理士への賠償問題に進展しないお付き合いの緩さがある。
- 税務調査は調査官の感度の高さや他の指摘事項との取捨選択によるところも多く、生真面目に処理をする税理士は税務職員にとっても、納税者にとっても疎ましいと感じることが多いと思います。
- 各々の生き方ですが、しかし、過少申告より、過大申告の方がリスクは大きい。その視点は必要だと思います。税法判断という質的な判断も必要ですが、リスクという量的な判断も必要で、どちらが重要かと問われれば量的な判断です。

2022/4/11

実務に役立つクールな話題　**相続人のうちの１名が在外勤務で国外にいる**

テーマ　相続人のうちの１名が在外勤務で国外にいる場合に、手続に時間がかかる部分を知りたい。どのような点で不便が生じるのか。

- 相続税の申告なら簡単です。いま、相続税の申告書に押印を必要としない時代。もし、押印するとしたら「押印代行」の了承を得れば良い。遺産分割協議書は印鑑証明書付きの実印を要求しますが、遺産分割自体は口頭でも成立するので、他の方が押印した遺産分割協議書にその旨を記載すればokのはず。ダメと言われたら追完すれば済む話です。

- 登記手続は帰国してから実行すれば良い。それに司法書士に任せてしまう手続です。日本領事館でのサイン証明といっても、領事館に行くのに飛行機で行く必要があるのが米国だと思います。二度手間になったら相続人にドヤされます。
- サイン証明は2種類あって、①単独証明書型と、②文書綴り合せ割り印型。②は、大使館か、領事館に文書を持参し、係員の目の前で記載する必要がある。だから、分割協議書を先に作成してから行く必要がある。①か、②かは、名義変更や解約手続き等で、どちらが必要なのかによるから、事前に提出先に確認する必要がある。②の場合でも、遺産分割協議書をメール添付で送付し、サイン証明を得てから返送して貰えば良いわけです。１つの遺産分割協議書に連署するのではなく、同じ内容の遺産分割協議書ならサイン者毎に複数になっても良いのですから。

2022/4/12

実務に役立つクールな話題 **相続税の取得費加算と申告期限の前後の関係**

テーマ 「相続により取得した非上場株式を発行会社に譲渡した場合の課税の特例」の適用を受けたいが、相続税の申告の前に自己株式を発行会社に譲渡した場合でも、①みなし配当課税の特例（措法９条の７）の適用があり、②相続税の取得費加算（措法39条）の適用もあると考えてよいのか。

- 適用が受けられますが、相続税の申告より先に所得税の申告期限が到来した場合は、①はokとしても、②は見積額になります。
- いや、違います。②の場合に見積額の計上は認めません。相続税を申告してから、２ヶ月以内に所得税について取得費加算の更正の請求（措法39条４項）をすることになります。
- 平成26年の改正前は更正の請求は認めませんでした。したがって、所得税の納税義務が確定する12月31日以前の相続税の申告が必要でした。相続税の取得費加算特例の対象となる相続税額は、その譲渡の日の属する年分の所得税の納税義務の成立する時において確定している相続税額とされていたからです（措令25条の16第２項第１号)。次の図の「素直な場合」です。しかし、平成26年の改正で更正の請求が認められることになりました（措法39第４項)。次の図の「逆になる場合」です。

素直な場合 ――― 相続税の申告 ――― 所得税の申告

逆になる場合 ――― 所得税の申告 ――― 相続税の申告

- 「素直な場合」は、相続税の取得費加算をした所得税を申告します。「逆になる場合」は、当初の申告では取得費加算を実行せず、相続税を申告した後に所得税の更正の請求を求めます。
- ただし、更正の請求期限は、相続税の期限内申告書の提出をした日の翌日から２月を経過する日です。したがって実務上は、相続税の申告書への顧客押印と、所得税の更正の請求の顧客押印はワンセットと覚えておくべきです。

2022/4/14

実務に役立つクールな話題　**代償分割を行った場合と相次相続控除**

テーマ　「代償分割を行った場合には、相次相続控除の適用はない」という理屈があるのか。取得した財産は、①代償債務を負った他の相続人から取得した財産であって、②被相続人から相続により財産を取得したことにならないという理屈らしい。

- 同じような論点で代償分割と取得費加算の調整計算があります。代償分割の場合は、各々の取得財産の構成比は、(a)相続により取得した部分と、(b)代償金の支払いで確保した部分に按分されるので、(a)で取得した財産の相続税額を求めます。そして(a)部分についての相続税額のみが相続税の取得費加算の対象になります。

土地の評価額──┬─相続で取得した部分（a 部分）の相続税
　　　　　　　└─代償で確保した部分（b 部分）の相続税

● 相次相続控除では代償金を想定した調整計算は不要です。第一次相続から１年の間も置かずに第二次相続が開始した。その場合は１度の相続と同じにみなすのであって、第一次相続で納付した相続税の全額が控除の対象です。

● 代償金5000万円を支払った側は5000万円を減じた相続財産になり、代償金5000万円を受け取った側は5000万円が相続財産になる。それらに課税された相続税を第二次相続で控除するのですから、取得した財産が代償財産か否かは差異を生じさせません。

2022/4/14

実務に役立つクールな話題　**免税事業者が適格請求書発行事業者の登録を受ける場合**

テーマ　「免税事業者が令和５年10月１日から令和11年９月30日までの日の属する課税期間中に適格請求書発行事業者の登録を受ける場合には、その登録日から適格請求書発行事業者となる」。そのような経過措置があるが、その意味を知りたい。

● 三つの要点があります。一つは、翌年ではなく、年度の途中の「登録日」から課税事業者になることです。課税事業者選択届の提出は不要です。年度の途中から課税事業者になった場合は、その日以降の課税売上と課税仕入れをカウントすることになります。その日の棚卸資産の残高を把握することが必要です（消費税法36条）。つまり、棚卸資産の残高は課税事業者になった初日の課税仕入れと見なされます。

● 二つ目は、適格請求書発行事業者になったら課税事業者の２年縛りが生じることです。ただし、元々課税事業者だった者は発行事業者を選択しても２年縛りは生じません。２年縛りの起点は「登録日」です。さらに、２度の改正があったので「令和５年10月１日の属する課税期間中に登録」の場合は２年縛りはありません。

● 三つ目の「令和５年10月１日から令和11年９月30日」までの意味は、免税事業者等からの仕入税額相当額の一定割合を控除できる経過措置があるので、その期間に合わせたのだと思います。ただ、この二つの期間を合わせる必要性は分かりません。

2022/4/14

実務に役立つクールな話題 **税務署が概算経費率で所得を計算した事例**

テーマ 税務署に呼び出され５年分の所得税を申告した納税者。その方の来年以降の申告を担当することになったのだが、税務署の計算を見ると各年分とも78%（外壁塗装業）の概算経費。こんなケースではまだ概算経費率が生きているのですね。

● 私の手元にある「業種別標準」では「大工、左官、とび職、庭師などの職人」として70%ですが、外壁塗装業は見当たりません。

● 概算経費率は「次の標準率で計算した所得額から、さらに、次の費用を差し引いたのが課税所得になります」という数字で、差し引くべき費用は、①給料賃金、②借入金利息、③地代家賃、④建物減価償却費です。

● いまは概算経費率による申告は認められていませんが、しかし、推計課税（所得税法156条）を行う場合は概算経費が登場するのでしょう。

● 証憑書類がない場合に一番ネックになるのは消費税の仕入税額控除です。仕入税額控除は証憑書類の保存が要件とされているので、証憑書類のない経費については基本的には仕入税額控除は認めてくれません。

● 消費税も事実上の推計課税の経験をしました。家賃、仕入など明らかに課税仕入になるものを拾って、帳簿に準ずるものがあるという理屈で仕入税額控除を認めてくれました。ショッピングモールの計算書と通帳から売上、家賃、仕入は明らかなケースでしたが。インボイスの制度になったら難しいですね。

2022/4/15

2022年４月17日～４月23日

実務に役立つクールな話題　**未成年の子の相続と成年年齢の引下げの効果**

テーマ　国税庁のHPに「民法の改正（成年年齢引下げ）に伴う贈与税・相続税の改正のあらまし」が掲載されています。これに関連して、令和３年10月の相続開始時点は17歳の子ですが、令和４年５月の遺産分割時点は18歳。特別代理人の選任は不要ですね。

● 遺産分割時点に成年年齢となっていれば、自ら遺産分割の意思表示を有効にできます。親権者（法定代理人）がいない状態であり、法定代理人自身と本人との利益相反を理由とする特別代理人の選任は、不要というより、できません。

● 遺産分割時点で17歳でも、調査時点で18歳なら遺産分割は有効なのでしょう。民法119条は「無効な行為は、追認によっても、その効力を生じない。ただし、当事者がその行為の無効であることを知って追認をしたときは、新たな行為をしたものとみなす」と定めています。

● 少し、気になるのが、①民法は法律効果なので遡及効を認めますが、②税法は事実なので遡及効を認めないこと。17歳の遺産分割は、事実としては無効なので、17歳時点での行政処分（相続税の申告）の効果が無効から有効になるのか否か。

● なるほど。そうすると、税務関係では、調査時点以前に、遅くとも更正処分前に、追認する必要がありますね。まさか、調査時点で18歳に達している場合に、遺産分割時点で17歳だから無効だとは課税庁も言わないと思います。

2022/4/18

実務に役立つクールな話題　**親子間で行う同族会社株式の売買価額**

テーマ　父から子への同族株式の有償譲渡について、相続税法７条のみなし贈与を回避するための譲渡価額を計算したい。

● 譲渡価額は、所得税基本通達59－６にしたがって、①常に小会社に該当する、②上場株式及び土地は株式譲渡時の時価で評価する、③評価差額に対する法人税等は控除しないという方式で譲渡価額を決定すれば良い。

● いや、違います。所得税基本通達59－６は、個人から法人に対して行った贈与又は著しく低い価額で行った譲渡が対象です。個人間の売買では所得税は登場しません。個人間の売買には財産評価基本通達が登場するのみです。株式には負担付贈与通達の適用もありません。

● 贈与税の課税ですから、相続税評価額から譲渡対価を差し引いた残額が贈与税の課税対象。「著しく低い価額の対価で財産の譲渡を受けた場合」としていますので、相続税評価額の80％で良いと読めてしまいますが、実務では相続税評価額を１円でも下回ったらダメです。

2022/4/19

実務に役立つクールな話題 **財産評価基本通達６項を適用した最高裁判決**

テーマ　相続財産に含まれる土地建物について、財産評価基本通達６項（国税庁長官の指示で評価する定め）に基づき、不動産鑑定評価額による課税処分が行われた事案について、最高裁令和４年４月19日判決が課税処分を是認した。この判決を位置づけたい。

● 甲と乙の２つの不動産を取得した３年後に相続が開始し、相続から９ヶ月後に乙不動産を売却したという事案です。つまり、平成21年12月に銀行から借金をして土地建物を取得し、平成24年６月に相続が開始し、平成25年３月に乙不動産を売却しました。

● ２年半前とはいえ被相続人が90歳を過ぎてから14億円に近い投資をして、本来は６億円の課税価格を基礎控除内にして相続税をゼロにしてしまう。納税資金の必要もないのに相続後まもなく売却している。これが著しく不公平ということなんですね。

	甲不動産	乙不動産
購入価格	8 億3700万円	5 億5000万円
借入額	6 億3000万円	4 億2500万円
通達評価額	2 億0004万円	1 億3366万円
売却価格	ー	5 億1500万円
鑑定評価額	7 億5400万円	5 億1900万円

● 合理性のある投資判断ではなく、ただ、節税の為に実行された。

何の為に実行したのかと問われて「節税」と答える。いつ投資をしたか、どのような節税効果があったか、そのような事実関係の分析も必要ですが、それ以上に「節税」以外の動機の無い処理は否認される。節税以外のストーリーが語れない処理は危険です。

- そのような行為を否認しても、節税効果が失われるだけであって実害は生じない。仮に、賃貸業の経営の為に取得し、息子の自宅として取得した。そのような正当な目的がある行為を否認したら、その目的が実現できなくなってしまう。しかし、節税だけの行為なら、節税目的が否認されるだけであって何の実害も生じない。
- 平成21年1月30日付けで信託銀行から6億3000万円を借り入れ、平成21年12月25日付けで信託銀行から3億7800万円を借り入れた。信託銀行主導の節税策が否認された。普通の税理士なら実行しない手法でしょう。つまり、実務の参考にはならない極端な事案です。
- 最高裁が原審是認の判決をする為に事件を引き取ったのも不思議ですが、このような非常識な手段は税務では認められない。単なる一事例にせず、それを宣言したかったのかもしれません。

2022/4/20

実務に役立つクールな話題　**揉めている相続が審判手続に移行した場合**

テーマ　揉めている相続で、調停では話がつかず、審判になりそう。審判ではどんな決定が出るのか。

- 調停員の経験ですが、審判では、裁判官は現物分割、代償分割、換価分割の順番に取り決めます（家事手続法194条、195条）。当事者が共有取得でいいと言えば裁判官もそういう審判をすると思います。ただし、その後に共有物分割訴訟（民法258条）で競売になる可能性を説明します。
- 調停段階であれば任意売却が可能だが、審判では競売になる。競売はできれば避けたいところです。当事者が競売に納得していれば良いのですが、そうではない場合は、競売が強硬手段であることと、相場相当で競落される保証もないこと。しかし、相続財産を現物分割した場合には、細分化し、使用困難な土地が生じてしまう場合は換価分割が命じられることになります。

● 一番いい方法は代償分割ですが、代償分割については、支払いを命じられた相続人に支払いの資力があることが必要です。不動産を取得する相続人が代償金を支払う資力の裏付けの資料を提出できるか。「相続人がこの土地を保有したままで代償金を支払う資力のないことは明らかである」として、家庭裁判所で行われた審判が即時抗告の手続きによって取り消された事例があります（高松高裁平成７年11月２日決定）。

● 当事者で遺産分割ができずに調停になる。調停でも話し合いがつかず審判になる。極めて少ない事例で、なぜ、それほどに遺産に拘るのか。調停員をしていて説教したくなりますが、そこはぐっとこらえて期日が終わったところで相方調停員とむずかしい相続人だったねとかそんな話をしたりしています。

2022/4/20

実務に役立つクールな話題 **上場株式の物納手続を質問してみた**

テーマ　上場株式の物納の疑問を国税局で聞いてきました。事前予約相談に電話すると、翌週には相談日を設けてくれて、国税局の担当官との打ち合わせができました。

● ① 事務が税務署から国税局に移管され、審査の後、許可となれば許可通知書が届く。許可通知後、速やかに記載された財務大臣名義の証券会社の口座に振替手続きをする必要がある。振替手続きまでに７日を経過すると利子税が課税される。

● ② 上場株式の物納の場合は、土地などの物納と異なり、物納手続関係書類の提出期限の延長は認められない。提出（申告）期限内に提出書類がそろわなければ物納は認められない。ただし、上場株式の物納では、不動産と大きく異なり、物納手続関係書類は納税義務者名義の振替口座書類のみなので、手続き上の注意点は、物納対象株式を、早めに被相続人名義から、相続人名義の証券口座に移管をすること。証券会社の担当者も物納の経験は少ないので、必要書類などの事前調整が必要です。

- 金銭納付を困難とする理由書では株式の配当収入もカウントして「延納によって納付することができる金額」が判定される。配当金があるのでどうしても延納部分が生じるため物納との同時に延納申請。「延納によって納付することができる金額」の計算で影響が大きいのが延納期間。土地の場合は延納期間が20年になりがちだが、上場株式の物納が想定される被相続人の財産構成では例外はあっても５年の延納期間が想定される。延納期間が４分の１になれば延納税額が少なくなる。土地の場合に比較して金銭納付を困難とする理由書を整えやすい。利子税の負担が気になるのであれば、相続税法40条の徴収猶予の通知後、延納申請を取り下げ、一括納付しても良いと思う。
- 非公開会社の頃に受け取った疑似ストックオプションが株式の上場で大きく価値を実現した場合や、80年代以降に無償増資と株式分割が何度も繰り返され保有株式を増やした方など。退職後は配当で生活し、遺産に占める株式の割合が70％から80％という事案。そのような場合の物納の目的は有価証券譲渡益課税の回避だ。
- 株価の値下がり対策の物納もあります。おそらくリーマンショックの株価の暴落。なぜ、物納をアドバイスしなかったと税理士が訴えられた事案です。平成28年２月26日名古屋地裁判決で、相続税の申告納付を受任した税理士法人に対して株式（上場株式）の物納に関する助言指導義務違反があるとして債務不履行責任を認めました。「物納ができないと誤信し、物納できた株式を相続開始時の価額よりも低額で売却した差額の損害が生じた」と主張し、税理士法人に債務不履行に基づく6974万9188円の損害賠償責任を認めた事案です。
- 税理士は、申告前の段階で物納についての質問を受けた後、原告が物納に関して何も聞いてこなかったことから、金銭納付をするものと考えて説明をしなかったと述べ、納税方法についての説明義務はないと考えていたと主張していますが、専門家である税理士の注意義務に照らして採用できないと判決されてしまいました。しかし、株価下落の物納判断のためには申告期限までの10ヶ月間の株価の変動を監視しなければならない。値上がりしたら物納を中止するのだと思います。

2022/4/21

実務に役立つクールな話題　**中古の賃貸物件を取得した場合の減価償却の計算**

テーマ　中古の賃貸物件を購入したが、建物について建物本体と附属設備を区分して減価償却をするのが一般的なのか。

- 建物の取得価額を工事費の割合である「建物69.6％、附属設備30.4％」に配分すると判断した裁決（平成12年12月28日）があります。平成２年に建設されて平成６年に納税者が取得した物件なので、平成６年時点での残存価額を計算します。つまり、建物の耐用年数60年と、附属設備の耐用年数18年による償却が行われた前提で按分すると判断しています。
- その方法を採用すると、18年が経過した賃貸物件を取得した付属設備は残存価額はゼロになってしまう。しかし、附属設備も建物の耐用年数60年について使用されます。つまり、途中での資本的な支出などのメンテナンスで使用し続けるので新築時と同様に「建物69.6％、附属設備30.4％」で割り振るのが正しいような気がします。
- 中古資産を取得した場合について、①裁決のような厳密な計算をする必要があるか、②新築時の割合で按分したら否認されるのか、③築浅の物件でない限りは全てを建物本体として減価償却をすべきなのか。
- 裁決にならって厳密に判断すれば①なのでしょうが、実務では、多くは③で処理し、②で処理しても否認されません。そもそも減価償却費は期間損益の問題なので課税庁は寛容です。

2022/4/21

実務に役立つクールな話題　**タワーマンションの評価額の改正の噂**

テーマ　タワーマンションの相続税評価額の改正について実際の動きがない。なぜ、時価と評価額の差が放置されているのか。

- 税のしるべ（平成28年12月19日）に次のような記事がありました。「国税庁は昨年11月、平成23年から25年に売買された20階以上の高層マンションで同庁が譲渡所得の申告書などから売買価格を把握できた343件の部屋について調査したところ、売買価格と相続税評価額には最大で6.93倍、平均で3.04倍の開きがあったことを明らかにしている。平均値の3.04倍というのは、例えば売買価格が１億円だった部屋でも、相続税評価額は約3289万円だったということだ」。しかし、その記事から６年が経過するもタワーマンションの評価額の改正の話は登場しません。

● 仮に、節税目的であっても政府はマンションを買って欲しいのでしょう。マンションの販売には大きな需要創造効果があります。

● もしかして、時価が間違いなのかも。昔、那須の別荘会社の会社更生法事件を手伝いましたが、１で仕入れた土地に５の造成費をかけて10で売る。その土地も、いまは原野に戻って１になっていると思います。

● なるほど。坪1000万円の土地に、5000万円の建築費をかけて、その部屋を１億円で売る。50年後には原野に戻り坪1000万円の土地になる。更地や戸建ての敷地のように永久に価値を持つ土地とは違うのですね。

● 耐用年数50年の減価償却資産ですから、そもそも売買価額を採用するのが間違い。相続税評価額が低すぎるのではなく、タワーマンションの売値が高すぎるのです。土地価額と建築費を合計した金額より遙かに高額なのがタワーマンションの売出価額です。

2022/4/22

2022年４月24日～４月30日

実務に役立つクールな話題　**先に進むべきが時代なのに**

テーマ　**大阪の発想は、反権力、いや、反権威なのだろうか。大阪府泉南市長選で31歳の新人（大阪維新の会）が初当選を決めた。東京の発想は権威の尊重です。**

● 確かに、東京税理士会の公式な研修には大学の先生方が講師に呼ばれる企画が多い。弁護士や会計士は大学の先生を講師には呼ばない。

● 日大の北野教授が税法は憲法であると主張し、弁護士の竹下重人先生が税法も法律であると論じた。その辺りの原点があるので、単なる計算の学ではなく、税法を「学問」だと主張したがる雰囲気が残っているのか。

● 商業高校卒、日商簿記１級、税理士試験。そんな経歴が一般的だった時代の歴史があって、大学は上に見るモノという雰囲気が残っているのかも。税務職員も高卒の人たちが多かった。二つの大学院に行って税理士資格を得る制度が残っていることから大学の先生方が上から目線で税理士を見る雰囲気がある。

● 弁護士や会計士には大学に戻る発想が無いのですが、税理士は大学に戻りたがる。大学院で学んでいると語る税理士を見かけます。しかし、社会は先に進むのです。いま、学ぶべきは税法実務であり、IT であり、DX であり、実務に役立つクールな話題である。それが先に進む人たちの発想であって、大学に戻って昔の研究をすることではない。

2022/4/25

実務に役立つクールな話題　**法務局の遺言書の保管制度を利用してみた**

テーマ　**遺言書の保管制度を利用してみました。結論としては保管自体に何のノウハウも不要で、すんなりと保管できました。自筆証書遺言を作成し、申請書を作成し、法務局に予約をいれ、予約日に本人が出向いて、印紙を買い、保管してもらう。**

● 新しく登場した制度なので利用したことが無いためか、どうも、中途半端な感じがします。本当に重要な遺言書なら公正証書遺言が確かです。公証人が作成し、内容のミスも検証して認証する手続きです。とりあえず書いておこう程度の遺言書なら自筆証書遺言で済ませてしまった方が簡単です。

● 遺言の保管制度を利用すれば相続開始後の検認手続が不要なことがメリットです。しかし、検認手続で問題が生じるような遺言書なら公正証書にしておいた方が安心です。手間と手数料を要しますが、しかし、死亡した後に問題になるのが遺言書ですから絶対に確実な公正証書遺言が安全なのは確かです。

● 税理士が遺言書の作成を依頼された。しかし、内容について責任を取るのは嫌だ。そのような場合に法務局に登録して貰うことで、作成に関与したという事実を薄めて、それを遺言者と法務局に転嫁してしまう。そのような意味なら利用価値があります。

● 子供がいないため、配偶者に全て相続させる旨の遺言をしたかった。全ての相続なら内容に不備は生じないだろう。子供がいないが、親と兄弟はいる。もし、親より先に自分が死亡し、親が認知症になっていたら配偶者と遺産分割もできない。そんな理由で利用しました。

● なるほど。遺言書の登録制度も、だんだんと馴染んでくる。発想の柔らかさは昭和の時代の専門家と、令和の時代の専門家の違いです。

2022/4/25

実務に役立つクールな話題　**役員の死亡退職金を事業後継者が取得したい**

テーマ　役員の死亡退職金ですが、この全額を事業承継者である長男が取得したい。

● 役員退職給与規程で受給者を具体的に決めておけば良いのです。仮に、「役員の死亡退職金は事業後継者に支給する」と決めておきます。あるいは死亡退職金の支給決議で受領者を決めても良いと思います。

● 従業員への退職金の支給の義務は就業規則ですが、役員への退職金を支払うか否か、誰に支払うかは会社の自由です。仮に、役員退職金規程が存在しても、それが株主総会を拘束することはありません。

● 役員の死亡退職金は、生命保険金と異なり、相続人の全員で取得割合を合意することが可能です。仲の良い相続人なら退職金を分け合うことも可能。相続人が合意をしない場合は、法定相続分ではなく、各人が均等に取得したものになります（相基通３－25）。

● 生命保険金については、受取人について約款の定めがあって、法律上は、約款で定めた受取人に直接に帰属します。相続人が話し合って、その帰属を変えることはできません。仮に、帰属割合を変えるのなら代償分割が必要です。

● 生命保険金についての帰属を判断した最高裁判決は次の二つです。

①「保険契約において、保険契約者が死亡保険金の受取人を被保険者の『相続人』と指定した場合は、特段の事情のない限り、右指定には、相続人が保険金を受け取るべき権利の割合を相続分の割合によるとする旨の指定も含まれる」と判断した最高裁平成６年７月18日判決。

② 生命保険金の受取人が先に死亡し、その後、保険契約者が受取人を指定せずに死亡した事案では、指定受取人の法定相続人で、被保険者の死亡時に現存する者が生命保険金の受取人になり（商法676②）ますが、その場合の「各保険金受取人の権利の割合は、民法427条の規定の適用により、平等の割合」になると判断した最高裁平成５年９月７日判決。

2022/4/25

実務に役立つクールな話題 **同族会社の傍系株主の相続**

テーマ　父親が創業した同族会社で、兄は80%、弟は20%の株式を所有している。弟の相続人５人に４%ずつ分散して相続させる。そうすれば配当還元価額になる。

● 中心的な同族株主がいる場合は、同族株主でも、自分が中心的な同族株主に該当せず、かつ、持株が５%未満であって役員でない。その場合であれば配当還元評価です。

● このことについて判断した最高裁平成11年2月23日判決があります。曾祖父が設立した会社の株式を父から相続し、従前から所有していた持株4.99％と合わせて7.4％の株式を所有することになった。会社を社長として経営するのは原告の祖父の兄弟の子（原告とは5親等の関係）であり、株式は、社長と同族関係者で90％強を所有し、社長と、その妻、それに兄弟姉妹で30％強を所有する関係にあった。

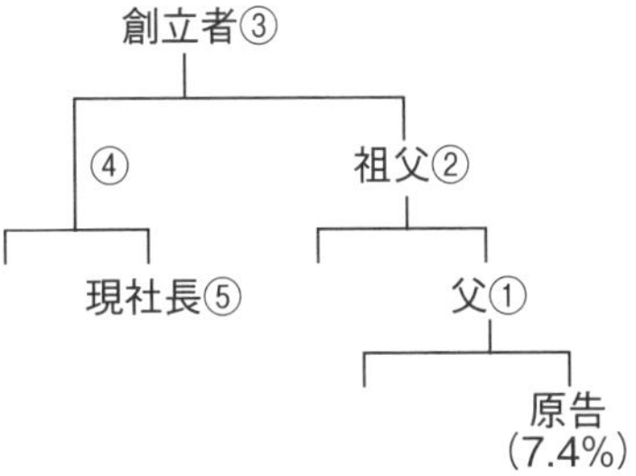

● なるほど。従前からの持株と合わせて7.4％になって5％以上の株式を所有する同族株主として原則評価になってしまう。

少数株主……配当還元価額

同族株主（議決権が5％未満）……配当還元価額
同族株主（議決権が5％以上）……原則的評価額

中心的な同族株主……原則的評価額
配偶者、直系血族、兄弟、1親等の姻族の議決権合計が25％以上

同族株主

● 相続人（原告）は、6親等を親族の基準にすることは時代錯誤であり、5％を区別の基準とすることには合理性がない。配当で相続税を納めるとしたら200年を要すると主張したが、その訴えは認められなかった。

● 昭和の時代の相続と異なり、平成の時代、令和の時代は、2代目、3代目の相続が多く、株式が分散している。傍系の相続では相続後の持株が5％未満になるように注意すべきです。

2022/4/26

実務に役立つクールな話題　**役員退職金の支給額を取締役会に一任する決議**

テーマ　役員退職金の支給を株主総会で決議しますが、その計算は「内規に従い」取締役会に一任するといった場合です。内規に従っていたとしても「通常の役員報酬＋役員退職金」が総会で決議した総枠を超えることはできないという理解が正しいでしょうか。

● 退職金決議は役員報酬決議とは別枠です。「通常の役員報酬＋役員退職金」の計算は登場しません。役員報酬は委任の対価で法律上の義務ですが、役員退職金を支払うべき法律上の義務は存在しません。つまり、役員報酬枠が残っていても、それを役員退職金に充当することは不可です。

● 役員退職金規程は法律上の効力を持ちませんが、役員退職金規程が存在し、それが株主にも認識できる状況になっている場合は、退職金の具体的な支給額について株主総会において取締役に一任する旨の決議も有効とされています（最高裁昭和58年２月22日判決　判例時報1076号140頁）。役員退職金規程は、取締役会の決議に基づくものであっても良いとされています（長崎地裁佐世保支部昭和51年12月１日判決）。

● しかし、これは上場会社で、役員報酬や、役員退職金の具体的な金額を株主総会に提出したくないというサラリーマン社会の要請です。上場会社では役員退職金規程は不可欠な存在ですが、中小企業では退職金の確定額を決議すべきであって、「役員退職金規程に定めるところにより」と総会決議する理由はないと思います。

2022/4/26

実務に役立つクールな話題　**医療法人の社員の退社と社員持ち分の信託譲渡**

テーマ　医療法人の持分回収を図るために退社払い戻しを受ける。その後の社員への復帰というのは、どのくらいの期間を空ければ認められるのか。

● 退社だと全額の払い戻しですが、持ち分の一部を第三者に信託譲渡して、譲渡を受けた社員が退職して払い戻しを受ければ、一部の払い戻しが可能です。税法上の退社払戻金の受領者は元社員です。

- 医療法人は営利性が禁止され、営利性とは配当の支払いの意味ですが、しかし、退社の払い戻しは禁止できなかった。そして信託制度が導入され、持ち分の一部を第三者に信託譲渡して退社し、任意の金額を配当として払い戻しを受けることが可能になった。
- 退社した社員が翌年に再入社しても、社員の入退社は都道府県知事へ届出不要のため誰も気づきません。極端には翌年に再入社しても都道府県からの指導はありません。実際には、少しの期間は自己規制すると思います。信託を利用すれば実質的には退社しなくても払い戻しが可能。まさに非営利性についての「ざる法」状態です。

2022/4/27

実務に役立つクールな話題 **freeeというシステムを紹介してみる**

テーマ　freeeのシステムを、それを知らない方に説明するのは、小麦粉を知らない方にケーキの作り方を教えるより難しい。その難しさに挑戦して貰えませんか。

- 試算表の作成では補いきれない業務を手形台帳、得意先台帳、固定資産台帳などで管理していたのが従来の会計ソフトだと位置づければ、逆に台帳管理すれば試算表が出来るようにしているのがfreeeの発想です。さらに銀行やクレジットデータの取り込み技術であるAPIを有効に活用することを目的にしています。
- 預金は銀行の口座情報をfreeeに同期して取り込みます。これは弥生会計でも同じですが、仕訳登録の重複のチェック、請求の消し込みの容易さが違います。仮に、請求書の消し込みでいえば、手数料を控除されたり、単純な振込間違いであったり、部分入金があった場合は、弥生会計でも補助簿に記録され未回収残高はわかりますが、freeeでは請求書単位の未回収残高を記録します。操作もPCだけでなくタブレットの画面に表示してポチポチと処理ができます。
- 現金は単純な入力なら弥生会計が勝ります。だから現金の入力を減らす。つまり、電子マネーやクレジットカードを使います。エクセルで出納帳を作成してくれるクライアントであれば明細をアップロードしてもらって、それを現金収支台帳としてfreeeに読み込みます。

- 買掛金の管理はエクセルのような一覧表でfreeeで処理してしまいます。会社のシステムでは内容チェック済みの請求書を集めて支払一覧（エクセル）を作成し、社内の振込承認をうけて銀行振込を行うと思います。これをfreeeで行えば支払情報の入力だけで仕訳計上から振り込みまでが簡単に行えます。
- 給料も給与台帳処理でfreeeに取り込まれますし、社会保険料の未払いも消し込み管理ができます。従業員の経費精算もfreeeを通じて行えば給与データに反映されて精算が楽です。
- 元帳を基準にして、元帳でミスチェックをして、元帳で修正する。そのような会計システムに比較すれば、台帳で管理し、台帳で修正し、その結果として試算表が完成する。税理士に馴染めないのは元帳で管理し、元帳で修正することが不可能なことです。台帳という入り口での修正が必要です。だから日々の台帳の入力を完全にしておかないと意味不明の試算表になってしまいます。
- 会計事務所が関与する場合は、「業務フロー通りに作業しているかのチェック」が業務になると思います。むしろソフトの思想に合わせて会社の業務の流れを整理するぐらいの方がいいと思います。経理担当者が入力を管理するのではなく、得意先管理、仕入れ先管理、人件費管理、資金繰り管理の担当者が入力を管理するイメージです。

2022/4/28

実務に役立つクールな話題　**免税事業者が行う消費税の請求の是非**

テーマ　免税事業者が、請求書に本体価額1000円、消費税100円、合計1100円と記載することは許されますか。請求することは問題ないと思いますが、消費税100円と明示することに抵抗があります。

- 税務通信（3700号）の税務相談に「インボイス方式の適用後の取引に係る免税事業者の取引金額に係る請求について、消費税額の請求をすることを禁止する規定はありませんが、『消費税額』ではなく『消費税相当額』として請求することが良いものと考えます」と解説されています。

- そもそも消費税を顧客に請求できる法律上の根拠がありません。商品代価1000円と請求すると、それに加えて消費税は請求できません。商品代価1000円（別に消費税）と記載しないと1100円は請求できません。
- 消費税は顧客が負担し、事業者は負担しないという説明から始まった消費税法。だから、最初に外税を奨励したのですが、しかし、消費税の増税が消費者の反発を受けることになって内税を奨励することにした。
- さて、インボイスが導入されて何が変わるのか。消費税法を改正しても、そもそも消費税を顧客に請求できる法律上の根拠が無いことが変わるわけではありません。だから、逆に、免税事業者でも消費税（相当）額の負担を明示して合意すれば消費税相当も請求できてしまいます。

2022/4/28

2022年５月１日〜５月７日

実務に役立つクールな話題 **3年間も無申告の個人事業者**

テーマ　個人事業者で3年間も無申告の税務調査に立ち会うことになりました。年の売上高は1億円です。売上は請求書の控えがあるので集計は簡単ですが、支払の集計が難しい。着地点はなんと考えればよいですか。

● まず、儲かっているのか否か。その3年間で預金はどのくらい増えたのか。生活費は毎月どのくらいを要しているか。それが残高表から見た所得ですから、それに近づけるのが着地点です。

● 法人成りした会社で4年後に調査。所得税部門が出てきて個人時代まで修正申告になりました。法人の消費税は仕入れ税額控除不可だったが、個人の仕入れ税額控除は始めから認めてくれました。所得税は法人ほど厳しく運用していません。納税者の納得を得て、調査を終わらせるのも税務署の仕事です。

● 通帳で収支は確認するが、現実的には納税者の反省と協力度合いが税額に影響する。反抗すればするほど増え、協力するほど担当官は減る方向で尽力してくれる。反抗する納税者では税務職員も建前の対応しかできなくなってしまう。協力的な納税者なら、現実に貯金がないのなら、納税して貰えるか否かも税務署は考えてくれる。税理士の協力は税務署には非常に心強いでしょうね。

● 悪意の脱税ではなく、だらしのない無申告なら、これからの正直な申告と、税理士に依頼することが大きく影響し、税務署も増差税額よりも、納税者の納得と、支払える金額での解決を期待する。

● 無申告なんて仕事は、税理士的にはパニックですが、税務署的には日常なのでしょう。無い資料からは所得は推定できないし、無い資金から納税を求めるのも無理。個人に脱税資金が残らない妥協点を探してくれます。

2022/5/2

実務に役立つクールな話題 **代表者への退職金と功績倍率**

テーマ　死亡した2代目社長に退職金を支給したいが、「事業年度別の報酬月額×在任年数×功績倍率」の積み上げで総額を計算する。功

労倍率はどこまでがokなのでしょうか。

- 東京地裁昭和55年5月26日判決は昭和47年時点の民間調査で役員退職金の計算根拠を持っている682社のうち154社が「退職慰労金＝最終の役員報酬月額×役員勤務年数×功績倍率」という計算式を利用していた。その平均功績倍率が社長3.0、専務2.4、常務2.2、平取締役1.8、監査役1.6だったと判示しています。

社長	3.0
専務	2.4
常務	2.2
取締役	1.8
監査役	1.6

- 功績倍率についてはいくつかの判決があります。①税務署が相当と認めた功績倍率は3.9倍（札幌地裁平成11年12月10日判決）。②「審判所が原告法人の採用した功績倍率3.5を近似値として相当していること」を是認（大分地裁平成21年2月26日判決）。③平均功績倍率3.26を認めた裁決（平成27年6月23日裁決）。④課税庁の調査による平均功績倍率3.26にその半数を加えた4.89をもとに計算した金額を超える部分が不相当に高額な部分の金額に当たると判断（東京地裁平成29年10月13日判決）していたが、⑤控訴審は平均功績倍率3.26までが同給与として相当な金額であるとし、それを上回る部分を不相当に高額な部分の金額と認定した（東京高裁平成30年4月25日判決）。
- 東京地裁昭和55年5月26日判決が常識的な数字です。しかし、判決が示すのは最終の役員報酬に対する功績倍率であって、事業年度別の報酬月額についての功績倍率なら、各々の事業年度の役職の功績倍率を乗じるべきと思う。

2022/5/2

実務に役立つクールな話題　**民事信託について司法書士が損害賠償請求を受けた事案**

テーマ　民事信託を受諾した司法書士が損害賠償請求を受けた事件。おそらく、民事信託について議論された最初の民事事件です。平成18

年12月15日に信託法が成立し、平成25年に私たち（taxML）が『一般社団法人　一般財団法人　信託の活用と課税関係』（ぎょうせい、2013年）を執筆し、令和3年にようやく民事裁判に信託が登場することになりました。

- 東京地裁令和3年9月17日判決です。民事信託を受託するについて、司法書士には「信託契約を締結しても信託内融資を受けられないというリスクが存することを説明すべき義務を負って」いたが、これが説明されていれば「司法書士との間で、民事信託の業務を委任することはなかった」。そのことについて調査義務違反、説明義務違反を理由として損害賠償請求を認めた判決です。
- つまり、信託の委託者としては、物件を受託者に信託譲渡するが、その後、信託内融資を受けて大規模の工事を行うことを予定していたが、その融資が受けられなかった。
- 司法書士が受け取った手数料は137万円で、判決が認めた賠償額は168万円。ほぼ手数料と同額の賠償金、つまり、無駄な処理をしたことについての手数料相当の損害賠償請求事件です。
- こんな小さな事件ですが、判例雑誌に紹介された判決は12頁の長文。読者として判決全文を読むのに苦労する文書量です。これを書いた裁判官はご苦労様と思います。苦労して判決を読み取ったところでは、要するに、当時、金融機関で信託内融資をしているところは少なかった。それでは信託の目的を達成することができない。その説明が無いまま手数料を受け取ったのは不法行為だ。
- この事案は、平成30年8月に司法書士が委託を受けた事案ですが、私も、10年ほど前に銀行から相談を受け、長男を受託者とする信託について銀行融資をしても良いかと相談を受けたことがあります。信託契約の効力について前例がなく、不良債権化したときの債権回収手続にも前例が無い処理に、わざわざ銀行が融資という形で参加するのは危険とアドバイスをしました。
- 民事信託の専門家と称して課税関係の理解の無いままアドバイスをする司法書士、法律関係の理解の無いままアドバイスする税理士。両者共が危険な存在ですが、それに加えて民事信託について、裁判所で争われた前例が無いところで実務の処理を進めるのは危険。そのことを物語る裁判事例です。

2022/5/4

実務に役立つクールな話題　**ちょっと負荷をかけた運動をしよう**

テーマ　想定したより長生きする時代です。ちょっと負荷をかけた運動をしようと思って。ランニング、スポーツクラブ、山歩き。続きそうもない。続く方はどのように努力しているのですか。

● 平日の朝は6kmほど走っています。コロナ前はジムに行っていましたが、やめて、いまは家の周りです。6km走れば1万歩達成。朝のうちに1つ仕事を終えるので気が楽になります。努力という感覚はないですね。走った後のアイスクリームが楽しみ。

● 私は朝晩の犬の散歩で、毎日1万歩を超えて歩いています。犬が喜び、私が運動できる。その二つの動機があるので続きます。ただ、私の年齢と犬の寿命を考えると、一番に運動が必要な年齢になると犬が飼えなくなるのが将来の悩みです。

● 朝起きたついでに寝たままの姿勢でストレッチと体幹トレーニング（フロントブリッジ、バックブリッジ等）。腰痛予防のつもりです。事務所の椅子を、数ヶ月はバランスボールにしています。どちらも5年ほど続いています。

● 切っ掛けが大事だと思います。過去にメタボで保健師と医師に運動を勧められましたが続きませんでした。いまは「令和スタート」でスポーツクラブに入会し週6でトレーニングしています。体つきが変わったので周りが驚いているのも面白いです。なぜ運動をはじめたいかということが一番大事なのかと。

● 続くというか、習慣にしています。腰痛なので寝る前と起きた後に3分くらいのストレッチ。夕方など30分の散歩を週2から3回。体に、これをしないといけないと覚えさせるイメージです。

● 土曜日の朝6時くらいに10キロ走っています。習慣にしています。そうすると、しないことが落ち着かなくなります。

● スポーツクラブで筋トレ・ストレッチ・ウォーキングなどを数十

年続けていますが、この２～３日前から左膝に違和感を生じています。定期的に、膝とかふくらはぎが痛み、休んではまた再開の繰り返しです。

2022/5/5

実務に役立つクールな話題　**２か国に登録されている特許の譲渡**

テーマ　日本と米国で登録されている特許権を売却した。日本の特許分と米国の特許分に分けて譲渡価格を設定したが、消費税はいずれも課税取引なのか。

● 消費税法施行令６条１項５号の「同一の権利について２以上の国において登録をしている場合には、これらの権利の譲渡又は貸付けを行う者の住所地」によって判定します。つまり、いずれも課税取引になるのだと思います。ただ、２以上の国が「日本と米国」ではなく、「米国と中国」の場合も２以上であれば住所地判定になるところがモヤモヤします。

● なるほど。原則は「これらの権利の登録をした機関の所在地」なのに、それが２箇所の登録国になると、その全てが日本に所在する財産になってしまう。消費税法基本通達５－７－10も「資産の譲渡等が国内において行われたかどうかの判定」について、「国外に所在するものとされる資産の譲渡又は貸付けをした場合には、当該譲渡又は貸付けは国外において行われたこと」になると解説しているのに、なぜ、「米国と中国」の場合に国内取引になってしまうのか。

● 日本国内に登録された特許権、あるいは米国で登録された特許権、これはそれらの国に属する財産だと判定できます。しかし、日本と米国、米国と中国など複数の国に登録された特許権は国籍不明の財産。つまり、所得税課税を避ける永遠の旅人のように、租税回避を防止しようとしたら「これらの権利の譲渡又は貸付けを行う者の住所地」において課税して課税漏れ（租税回避）を防止しなければなりません。

● しかし、米国で取得した特許権が、中国でも登録されていた。それを転売した場合に国内の課税売上になってしまうのも不当です。

答え（理屈）は見つけられませんが、矛盾点こそが実務の注意点。答えの出ない問題として書きとどめておきます。

2022/5/6

実務に役立つクールな話題　**中立的な相続税・贈与税のあり方**

テーマ　「資産移転の時期の選択に中立的な相続税・贈与税のあり方について」という諮問について、日本税理士会連合会の税制審議会が答えているが、どんな提案をしているのかが読み取れない。国税の意図を日税連が先に述べて露払いをする。この意見書から改正方向が読み取れるか。

● 全文を読んだが、答申は特に何も語っていないように思う。あえて言えば生前贈与加算を５年から７年にすべきというところだけ。相続時精算課税については、制度を説明しているだけで、遺産取得者課税も検討すべきだが改正は大変だと書いているだけ。

● 答申が述べる「相続開始直前の駆け込み的な贈与による相続税の回避行為」は存在する。仮に、贈与税の最低税率を覚悟して１人当たり300万円を贈与し、それを相続人の配偶者、孫、ひ孫に実行すれば少子化の時代でも10人分の贈与が可能な事案は多い。それを３年について実行すれば9000万円の贈与が可能になる。

● 贈与税と相続税の一体課税の話を聞いたときに、私は、次のような贈与についての節税防止税法をイメージしました。贈与者の立場で１年間に行える贈与を、仮に、500万円と制限し、それを超えた場合は１人への贈与として超過累進税率を適用する。仮に、3000万円を１人に贈与したら1195万円の贈与税です。

● 相続開始５年前の贈与は、相続人に対するものに制限せず、相続税に取り込む方法もあると思います。相続開始前の使途不明金も、相手方不明の誰かに対する贈与として相続税に取り込めば良いと思います。

● 暦年贈与による節税策が議論されますが、暦年贈与を利用せず、子供たちのために居宅を購入し、そこに無償で住まわせた方が資産移転の効果は大きい。仮に、7000万円の居宅を取得して無償で住まわせれば賃料５％として１年間で350万円相当の利益が無税で移転できてしまいます。

● 子供たちの学費の負担は当然として、孫、ひ孫の学費の負担も可能です。祖父母が孫、ひ孫の医学部入学金を負担するのがもっとも率の良い節税策です。現場の知識は法律より先を歩きますので、贈与税と相続税の「制度」に拘った対策を学者の先生方が考えても答えが出ないような気がします。

● 税理士会が諮問したといっても、委員の多くは税理士ではなく大学の教授や経済団体の理事など。現場で税務を扱っている税理士とは発想が違うのは仕方がない。しかし、なぜ税理士会は、自分たちの現場の知識を尊重しないのか不思議です。

2022/5/6

実務に役立つクールな話題 **全財産を配偶者に相続させる旨の遺言と準確定申告**

テーマ 子が無く、甥姪が相続人になるため、全財産を配偶者に相続させる旨の遺言を残している。この方の準確定申告ですが、法定相続人である甥姪の署名も必要ですか。一切の財産を妻にという遺言があっても、相続人は、それぞれ法定相続分の債務を承継するのですね。

● 甥姪には準確定申告の義務はありません。承継すべき債務の割合は、民法上は法定相続分と理解されています。しかし、国税通則法５条２項は、租税債務の承継について、遺言による相続分の指定（民法902条）がある場合は、その指定相続分によるとされています。国税通則法基本通達５条９も、包括遺贈の割合又は包括名義の死因贈与の割合は指定相続分に含まれるとしています。

● 債務の承継について、民法上は法定相続分と理解されていましたが、それは二つの意味に分かれます。相続人の相互の関係と、債権者の関係です。

① 相続人の相互の関係では遺言書が優先します。「相続人のうちの１人に対して財産全部を相続させる旨の遺言により相続分の全部が当該相続人に指定された場合」は、「当該相続人に相続債務もす

べて相続させる旨の意思が表示されたものと解すべきであ」るとするのが最高裁平成21年３月24日判決です。

② 債権者との関係では民法の法定分が優先します。最高裁判決の後段部分の説示です。「相続分の指定は、相続債務の債権者の関与なくされたものであるから、相続債権者に対してはその効力が及ばないものと解するのが相当であ」る。

● ただし、②の場合でも「相続債権者の方から相続債務についての相続分の指定の効力を承認し、各相続人に対し、指定相続分に応じた相続債務の履行を請求することは妨げられないというべきである」と最高裁は説示しています。そして、この最高裁判決は民法相続編の改正の際に民法902条の２（相続分の指定がある場合の債権者の権利の行使）として取り込まれています。

2022/5/7

実務に役立つクールな話題 **平均寿命と最頻値、そして健康寿命**

テーマ 平均寿命には違和感があったのだが、これを今日の日本経済新聞（令和４年５月７日朝刊）が解説しています。男性の平均寿命は82歳、女性は88歳。これでは男性は75歳を超えたら死亡適齢期になってしまう。しかし、考慮すべきは平均余命であり、死亡する年齢の最頻値。最頻値は男性は88歳、女性は92歳。これだと高齢者が増え続ける社会の実感に近づきます。

● 重要なのは健康寿命で男性は73歳、女性は75歳。しかし、これも平均値でしょう。タバコを吸い、酒を飲み、定年退職してしまった人たちの健康寿命を含みます。自由に働き、ストレスなく、嫌な付き合いは断るという税理士の生き方なら健康寿命は、さらに10歳は伸びると思う。

● 健康に生きる。そのためには、①仕事を楽しむのか、②仕事を辞めて、その後の生活を楽しむのか。しかし、いまさら釣り堀を趣味にもできず、山登りをして遭難したら「いい年をした爺様が」と非難される。

● ダメになるのが、①目、耳、腰、膝などの機能と、②循環器系、呼吸器系などの内部疾患、③アルツハイマーなど認知症。いや、違いますね。一番にダメになるのが心の問題。底意地が悪い婆さんは、さらに底意地が悪くなり、自己中の爺さんは、さらに自己中になり、私は年寄りなのだから大切にされて当然なんて言い出す。

● 私たちは他人の人生、他人の家庭が覗き見られる生活。税法だけではなく、生き方も学べる良い仕事です。ちょっとした会話から家庭の実情が漏れてきますが、それが好かれる高齢者になるための勉強の場です。

2022/5/7

2022年 5 月 8 日～ 5 月14日

実務に役立つクールな話題　**不動産賃貸業における管理料の割合**

テーマ　不動産賃貸業において同族会社に支払う管理料34%が過大として否認された裁決があるようだが、どの程度の管理料なら認められるのか。管理業者を利用している場合も同族会社への支払いが認められるのか。

● 管理業者に委託している事例について、それに重ねての同族会社への管理料に関して課税庁が調査の過程で示したのは賃料の５％、更正処分では平成13年分4.19％、平成14年分2.75％、平成15年分4.4％。納税者が主張したのは賃貸料の10％。審判所の判断はゼロ。「管理業務を実施した記録がなく、同社が管理業務を実施したことを客観的に認めるに足る証拠は認められない」と判断している（平成18年６月13日裁決）。

● 調査の現場の交渉事項で、そこで否認された極端な事案が裁決になって公表される。この辺りは現場の税理士の常識感覚であって、裁決や、裁判例は参考にならないように思います。

● 実務家といっても、私の感覚ですが、賃料収入が年5000万円を超えたら15％が限度で、3000万円以下の場合なら20％まで ok。管理業者を利用している場合なら「管理の実態」が作り出せないので最大限で５％。

● なるほど。5000万円なら750万円、3000万円なら600万円。それより勇気のある申告でも是認されている事例があり、それ以下でも苦情を言われる申告がある。現場のさじ加減ですが、限度を超えれば否認対象になって最低額にされてしまう。

2022/5/8

実務に役立つクールな話題　**手元に多額の現金がある場合の相続**

テーマ　それなりの現金が手元にある相続税の申告で注意することがありますか。現金の場合は入出金の記録も現在額の証拠もないので微妙に不安です。

● 手元の現金は、それが2000万円でも、5000万円でもなく、1000万円の現金であることを証明する必要がある。現金を手元に置く人たちは７億円を手元に置いているかもしれません。

- ● いま現在の現金の保存状態を写真に撮っておくことです。保存場所の雰囲気で、それが全額であることが分かります。机の引き出しや、貸金庫なら入る金額に限度があります。
- ● 現金残のみならず、それ以前の使途が問題になります。そういったケースの場合は、①生活費、大きな買物、修繕、各種保険、親族内での使い込み等、②定期預金等への振り替え、③親族への各種現金贈与、④他財産への化体、車、金、生命保険等、⑤親族への貸付、⑥借入金等の債務返済、⑦扶養親族への生活費、教育費などを質問すれば良いという解説がありました。
- ● おそらく、その解説を書いた方は自身では30万円も持っていない。手元に現金を置いている方は現金を使いません。銀行を信用しない人たちと、相続税の脱税目的。要するにストックする現金です。政治家でもなければ、いまどき100万円を超える現金で支払える収支なんて世の中には存在しません。
- ● ただ田舎では未だに多額の現金を手許に持っていて、預金を通さずに収支を行っている化石時代の方がいます。
- ● 農家にしても、いま売上は預金振り込み。生活費を自宅に置くとしても200万円が限度でしょう。私の自宅には10万円程度、最高でも20万円も置かない。
- ● １億円の手許現金を保有していた被相続人がいました。いろいろ問題を抱えた人でした。多額の現金を手許に置く方は、ちょっと発想に理解し難いところがあります。
- ● それなりの現金がある場合は、家族から事情を聞いて、「現金という相続財産」で申告するので、その現金を１円単位で普通預金に入れて貰います。それを現金残高として申告します。

2022/5/10

実務に役立つクールな話題　**消費税対策の退職給与の現物支給**

テーマ　法人を解散して、法人が所有する建物を個人で引き取るが、これは消費税の課税売上になってしまう。退職給与の現物支給（不動

産）なら課税売上にならないと聞いた。

- 経験したことがあります。退職金の代物弁済だと課税対象となってしまうので、代物弁済にならないように注意して進めました。ただ、注意を払ったといっても、議事録と登記についてなので、登記をする司法書士に何度もお願いしただけです。
- 司法書士に消費税の責任を押しつけることは出来ないので、私の方でネットで検索すると、登記原因が代物弁済とされてしまうというのが散見されたので、そこを注意し、「会社法第361条による給付」という登記原因になるようにお願いしました。何度か法務局とも相談して、この登記原因で受け付けられたものがあるということで、その原因で無事登記することができました。
- そもそもですが、代物弁済だと課税売上で、現物給付だと課税売上に含まれない。これは「事業として対価を得て行われる資産の譲渡及び貸付け並びに役務の提供」の「対価」の有無の判断です。
- 法人が解散し、事業を廃止してしまう場合なら、基準年度の課税売上高が1000万円以下になるまでは個人に賃貸し、その後に個人に譲渡（退職金の代物弁済）する方法もあります。これは個人が法人成りする場合も利用できます。

2022/5/11

実務に役立つクールな話題 **相続前の土地の売却と相続税の取得費加算**

テーマ **被相続人が生前に２億円で土地の売買契約を締結しました。この土地の相続税評価額は5000万円です。相続税の申告では売買代金請求権として２億円を財産計上しますが、この場合の取得費加算（措置法39条）の分子の金額は２億円として良いのでしょうか。**

- 資産課税課情報第７号（平成３年６月７日付）が次のように解説しています。分子は譲渡収入金額ですが、分母の入り繰りはいくらになるのだろう。

「売買契約中の売主に相続が開始し、その相続人が当該契約にかかる譲渡所得の帰属者として申告を行う場合の当該譲渡所得の金額の計算上、取得費に加算する相続税額の計算について、当該譲渡した資産の相続税評価額及び当該資産を譲渡した者の相続税の課税価格は次のとおりに読み替えるものとされています。」

(A) 譲渡した資産の相続税評価額（分子の部分）	相続税法第11条の２に規定する相続税の課税価格計算の基礎に算入された譲渡資産の価格をいい、当該譲渡資産が売買契約中の土地等又は建物等である場合には、当該土地等又は建物等の譲渡収入金額とする。
(B) 資産を譲渡した者の相続税の課税価格（分母の部分）	次に掲げる算式のとおりに読み替えるものとされています。 当該資産を譲渡した者の相続税の課税価格＋（当該譲渡に係る譲渡資産の譲渡収入金額－当該譲渡に係る相続開始時における残代金請求権）

● 相続人の譲渡所得として申告してもよいし、被相続人の譲渡所得として準確定申告してもよい。しかし、被相続人の申告なら所得税が債務控除できて、譲渡所得の住民税は不要。相続税と譲渡所得税の合計税額は被相続人で準確定申告の方が通常は低くなります。

● なるほど。相続税で計上すべきはいずれの場合も譲渡価額。しかし、次の差異が生じるのですね。

	被相続人を売主とした場合	相続人を売主とした場合
譲渡所得	準確定申告	相続税の取得費加算
	地方税の課税がない	
相続税	所得税相当の債務控除	

2022/5/11

実務に役立つクールな話題　**自己株式の買い取りと残存株主への贈与税の課税**

テーマ　自社株を適正価額で買い取った場合でも、残存株主にみなし贈与課税が行われるのか。

● 残存株主がその値段で直接に買ったら贈与税課税される。会社が買ったら贈与税が免れる。そのような租税回避をさせないために残存株主に対する贈与税課税の余地を残している。

● いや、それは違います。その理屈だと、少数株主から配当還元価額で自己株式を購入した場合は支配株主（残存株主）に贈与税が課税されてしまいます。

● 相続税法基本通達９－２は租税回避の防止にあり、９－４は親族間の価値の移動の防止にある。租税回避事例、あるいは親族からの自己株式の取得でない限り、自己株式の取得に相続税法９条は発動しないと思います。仮に、従業員株主から配当還元価額で自己株式を買い受けても、支配株主に対して相続税法９条が適用されることはないはずです。

相続税法基本通達９－２	相続税法基本通達９－４
同族会社の株式の価額が……増加したときに……増加した部分に相当する金額を……贈与によって取得したものとして取り扱うものとする。	同族会社が新株の……一部が……株主の親族等に与えられ……たときは、……親族等が、……株主から贈与によって取得したものとして取り扱うものとする。
租税回避の防止	親族間の株式価値の移動

● なるほど。支配株主から所基通59－６を下回る株価で自己株式を取得し、その結果として残存株主の株価が上昇すれば贈与税の課税もあり得る。しかし、９－２と９－４を区別して論じた解説はない。税理士を萎縮させ、自己規制をさせる。それこそが、これらの条文、特に、相続税法９条の存在価値なのですね。

2022/5/12

実務に役立つクールな話題　**相続税法９条は実務でも適用されているのか**

テーマ　少数株主から配当還元価額で自己株式を買い取った場合には、残存株主に贈与税が課税されるか。実務上は、贈与税の基礎控除内に収まることで実際に課税されるケースは稀だと思うが、理論上は当然に課税されるものと思っていた。

● 自己株式の取得に相続税法９条を適用した裁決や判決を見かけませんし、現場の話題としても耳にしません。相続税法９条を適用した判決も存在しますが、それは租税回避の事案なのだと思います。私が経験した事案は、本来、事実認定で否認されるべき処理でしたが、事実が課税庁側には立証できない。そこで登場したのが相続税法９条という理屈を適用した否認でした。

- 相続税法９条は「対価を支払わないで、又は著しく低い価額の対価で利益を受けた場合」という包括的な規定で、あらゆる場面を取り込むことが可能です。この条文を通常の条文と同じように実務で適用したら、課税要件を定めることを要求している租税法律主義に違反する包括規定による課税になってしまいます。
- 債務超過会社へのDES（債権の現物出資）に似ています。債務超過会社へのDESには債務免除益課税が行われると解説されて、そのような課税を前提にした税理士法人に対する損害賠償請求を認めた判決（東京高裁令和元年８月21日判決）があります。しかし、社長が会社に貸し付けている金銭、仮に、１億円を資本に振り替えたら債務消滅益課税が実際に行われているのか。それはあり得ないと思います。
- 相続税法９条や、DESの債務消滅益課税は、租税回避を防ぐための伝家の宝刀であって、条文には書いてあるが、それが租税回避に該当しない限りは適用されないのだと思います。
- 課税の現場では相続税法９条の適用を想定していません。租税回避の事案や、発行済み株式の49％を配当還元価額で買い取るような極端な例は危険ですが、ただ、単純に株式評価額を計算し、それが増額したら相続税法９条を適用する。そのような実務は存在しないと思います。

2022/5/13

実務に役立つクールな話題　**遺言書の作成をアドバイスする場面**

テーマ　遺言書を作成すべきはどういう状況なのでしょうか。顔がみえない親族との分割協議を実施したくない場合は必要だと思いますが。

- 子のない夫婦は必要です。子がない場合は、夫の兄弟と甥姪が相続人として登場する。第１順位の子供たち、第２順位の両親、第３

順位の兄弟姉妹、それに甥姪と順番に距離が遠くなり、残された配偶者に対する遠慮のない相続分の請求が為される危険があります。甥姪が相続人に登場した場合は、家庭裁判所の調停でも法定相続分という分数での配分を求めるのが通例です。

- 「全財産は妻に相続させる。令和4年3月15日　山田太郎　印」という遺言書が人生を救うことになります。兄弟姉妹や甥姪の場合なら遺留分も存在しません。遺言は相続人が未成年の場合も有効です。配偶者の相続税額の軽減と小規模宅地の特例を受ける場合は遺産分割が必要ですが、未成年者に特別代理人を選任すると、裁判所は、未成年者が法定相続分を取得することを要求します。配偶者が認知症、子が知的障害者、子が行方不明という場合も遺言書が有効です。
- 戸籍を汚した夫婦も遺言書を作成しておくべきです。婚外子の相続分が争われ、実子と同等の相続分を与えた最高裁平成25年9月4日判決が原因になって民法相続編の改正が必要になりました。あの事案に遺言書が書かれていたら違う歴史になっていたと思います。遺言書があった場合に、それを否定して遺留分侵害額の請求訴訟を起こすのは、それなりに壁があります。
- 逆説的に言えば、財産の少ない人も遺言書を書いておくべきです。財産が少ない人たちは、誰か1人が相続分を主張しただけで、住まいを売却する必要が生じてしまう。財産の多い人たちの遺言争いを見かけることは少ないし、仮に、争っても、その日の生活に困ることはない人たちです。
- さらに逆説的になりますが、相続人（子）が債務超過で破産状態という場合も遺言書が必要です。どうせ借金の弁済に消えてしまうということで遺産分割での取り分をゼロにした。そのような遺産分割は詐害行為になります（最高裁平成11年6月11日判決）。租税債務に滞納がある場合も不利益な遺産分割は滞納国税について第二次納税義務を生じさせます（最高裁平成21年12月10日判決）。
- 債務超過である子が相続放棄をしてしまえば良いのですが、3ヶ月内の相続放棄を失念したら法定相続分が債権者に渡ってしまう。

相続放棄は詐害行為に該当せず（最高裁昭和49年９月20日判決）、遺留分減殺請求は一身専属であって債権者代位の対象とならない（最高裁平成13年11月22日判決）。これも理解しておくべき知識です。

● 拾い出してみると、遺言書が必要な人たちは多いのですね。私の場合なら遺言書の作成など全く考えていません。私が死んだ後の財産の分配など興味もないし、誰に、何を渡すかなど考えたこともありません。死んだ後にまで財産に未練を残すのは無駄なことです。妻の人生には責任があるので、書くとしたら「全財産は妻へ」です。居宅にも、賃貸物件にも小規模宅地の評価減が適用されて、かつ、１億6000万円までは非課税なのですから、それを超えた分の相続税が発生しても、ゆとりを持って納税することができるはずです。第二次相続の相続税など考えても意味はありません。

● 税理士と弁護士は遺言書の必要性について視点が異なる。税理士の視点でのアドバイスも必要だと思います。遺言書があれば、相続人にどんな事情があっても配偶者の相続税額の軽減が利用できます。

2022/5/13

実務に役立つクールな話題　**再編税制の合併比率や交換比率の考え方**

テーマ　債務超過会社の合併を行います。具体的には１株の株価が10万円のＡ社と債務超過のＢ社の合併ですが、この場合の合併比率はどのように計算するのですか。

● 合併比率や交換比率は相続税法９条の問題です。株式の相続税評価額を計算し、その比率で株式を割り当てれば良いのです。一方が債務超過の場合は合併比率は無限大になってしまう。しかし、実務的にはＡ社とＢ社について１万株と１株で合併すればOKです。

● 仮に、１対１で合併したら、債務超過のＢ社の株主には相続税法９条が適用されて贈与税が課税されます。しかし、株主が法人の場合には相続税法は適用されません。債務超過の株式を所有する法人株主に、１株について１株を交付してしまった場合の課税関係はどのようになりますか。

● 合併や株式交換は簿価の付け替えで、受贈益の事実は存在しないので、評価益を計上すべきか否か。しかし、法人税では評価益は益金不算入（法人税25条）なので課税関係は生じません。

- 同族会社の場合は行為計算否認の可能性があります。簿価ゼロの株式を所有するＡ社に、簿価10万円の株式を１対１で割り当ててしまった場合は受贈益課税でしょう。しかし、租税回避の意図がない経営判断で行う合併について否認できる根拠はないと思います。

2022/5/13

実務に役立つクールな話題　**分割型分割を行った後の株式の譲渡**

テーマ　個人がＡ社とＢ社の株式を100％所有していますが、分割法人Ａの不動産賃貸事業を吸収分割によって分割承継法人Ｂに移転します。その場合に継続保有が求められるのは、分割承継法人Ｂの株式に限り、分割法人Ａの株式は譲渡可能ですね。

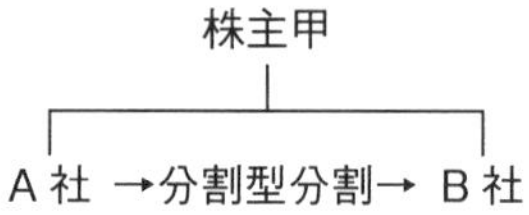

- 分割法人Ａの株式の譲渡は可能です。組織再編を、過去の要件、現在の要件、未来の要件と区分すると分かりやすいのですが、未来の要件（継続保有の意思）は分割承継法人Ｂにのみ要求されます（法令４の３⑥二、⑦二）。平成29年度税制改正は分割型分割をした場合に継続保有を要求する対象を分割承継法人Ｂの株式に限ることにして、分割法人Ａの株式の継続保有を要求しないことにしました。
- 分割承継法人Ｂについても、支配要件（資産・事業・従業員の承継）を満たせば、株主が分割で受け入れた株式の49％までは売却できます。
- これは疑問です。Ａ社株式の譲渡は自由です。つまり、Ａ社には二重の含み損は発生しません。しかし、Ｂ社株式の譲渡は禁止すべきです。分割型分割で含み損のある資産（仮に、土地）を移転すると、①株主が所有するＢ社株式に含み損が生じ、②Ｂ社が承継した資産に含み損が残る。つまり、二重の含み損が生じますが、この両者を売却することで二重に譲渡損が利用できてしまいます。

- B社株式の49%までの譲渡はOK。その理屈は完全支配ではなく、支配関係との整合性を採用したのだと思います。これを株主甲が完全支配をする場合に認めたら、株主甲が所有するB社株式の全てに含み損が生じるのですから、49%の譲渡は二重の含み損を生じさせてしまいます。

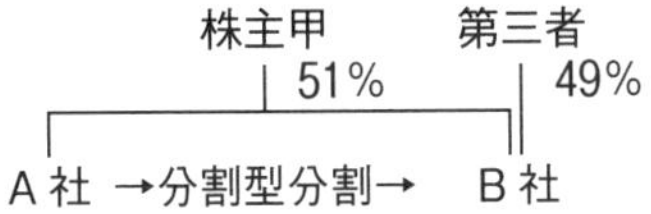

- 組織再編税制にも深い思想があるのだと思いますが、その思想が読めない限りは、「これはOK」という解説のみを信頼して実務で実践するのは怖いところがあります。

2022/5/13

実務に役立つクールな話題　**顧問契約を解除した後の質問と守秘義務**

テーマ　売上や仕入の処理に不正が多く、説得しても聞き入れないので顧問契約を解除した。後任の税理士から従前の処理についての質問を受けたが、正直に説明すべきか否か。

- 「守秘義務があるので本人から聞いて下さい」と答えるのでしょう。本来は、本人（納税者）の代理人である後任の税理士なので、守秘義務の対象ではないと思いますが、しかし、口から出た言葉は取り戻せませんし、今時ですから電話が録音されている可能性もあります。
- 答えないことについて、引継義務違反として損害賠償請求を受けることはないのか。
- 弁護士が登場すれば、どんなことでも揚げ足を取ってくる。しかし、守秘義務違反で税理士登録の抹消などと叫ばれるより、引継義務違反と叫ばれた方が心理的な負担は少ないと思います。トラブルが生じる可能性がある場合は、それに対処して動き回るよりも、何もせずに様子を見る方が安全です。

2022/5/14

実務に役立つクールな話題　**妻名義の名義預金がある場合の妻の相続**

テーマ　妻名義になっている夫の名義預金がある。数千万円単位の預金で、妻は専業主婦で収入がない。ここで妻の相続が開始した場合に、これが夫の財産だと主張できるのか。

● 夫が先に死亡した場合なら名義預金の認定は避けられない。しかし、妻が先に死亡した場合は微妙な不安が生じるのが名義預金の不確実性です。

● 逆に、これを妻の相続財産として相続税を申告し、子名義にしてしまったら夫の相続について相続税の節税になる。この場合に妻の相続財産であることが否認されるのか。

● なるほど。妻名義の預金については、夫が先に死亡した場合は夫の相続財産として相続税を申告する。しかし、妻が先に死亡した場合は、妻の相続財産として相続税を申告してしまう。真実は夫の預金なので、これを夫の預金から除外することにはリスクがあります。しかし、そのような申告の結果として相続税の節税になっている事案は多いのかもしれません。

2022/5/14

実務に役立つクールな話題　**「租税判例百選」で税法を学ぼうと思う**

テーマ　「租税判例百選」などで重要判例を勉強してみようと思う。

● これは不要、無駄。税法は歴史ではなく、流れる水です。それに対して百選は本能寺、大坂冬の陣、バルチック艦隊を論じる歴史書です。

● 税法は大学の学問ではなく、現場の実務です。百選は学者が自分の知識範囲から選んだ100個の教科書事例で、実務には役立ちません。それに税法は統一された思想で論じるべきですが、百選は100人の人たちが、各々の思想で解説している。それを読んでも税法の思想は習得できません。

- そもそも実務の上に判決を置く発想は間違いです。裁判官の思考過程は税理士には読み取れませんし、裁判官は所得の10分類も知らない税法の素人です。判決が出た事実は尊重するとしても、それにひれ伏す存在ではありません。
- それでも最終的な決定権限が裁判所にあるのは民主主義の基本です。裁判所が出した判決を無視することは出来ませんし、判決を学ぶのも税理士の義務かと。
- そうだとしても、判決の学習は、日々、税法雑誌に掲載される判決で十分です。雑誌社は税理士業務に必要な判決を選択して、必要事項を上手に説明しています。判決全文が見たければ、いまネットを検索すれば裁判所が公開している時代です。
- 大学の先生方は、法律や、通達ではなく、判例で税法を学ぶ。判決は、争点から、当事者の主張、答えまで出ている安直な参考書です。上から目線で語る学者に洗脳され「税理士も法律家たれ」などという言葉に反応するのは間違いです。

2022/5/14

2022年５月16日～５月21日

実務に役立つクールな話題　**税理士の懲戒処分は調査の現場で拾い上げられる**

テーマ　関与先の法人税の確定申告にあたり、売上の一部を除外することによって所得金額を圧縮し、事実に反する申告書を作成した。そのような税理士の懲戒事例が官報に掲載されていた。

● 懲戒処分を分類すると、①納税者の脱税を手伝ってしまった案件、②税理士自身が脱税した案件、③税理士の名義貸しの案件、それに④税理士自身が申告義務を怠った無申告案件に分類されるように思います。つまり、自主申告制度の信頼を裏切った場合の罪が重いという印象です。

● 税理士の懲戒処分も内容を紹介するようになりましたが、それでも具体的な手法や金額の紹介はありません。積極的に税理士が売上を除外したのか、金額が数千万円という多額の場合なのか、それは不明です。

● 重加算税が課税されるような案件で、ある程度の金額があり、それに税理士が関与。そのような事例はアウトになる可能性が多いですが、しかし、税理士が処理する申告件数に比較すれば懲戒処分の件数は１％の100分の１もありません。懲戒処分される事案は、やはり、それなりの理由があった事案でしょう。

● 全ての懲戒処分は税務調査が発端です。会則処分から移行するものもあるでしょうが、業務の停止や禁止は財務大臣しかできません。つまり、調査の現場で拾い上げられるのが懲戒該当案件です。

● 意図した脱税がダメなのは当然として、調査の現場で税務職員と感情的にやり合ってしまう。それもリスクの１つだと思います。お互いに税法を専門とするプロとしての信頼関係。これは懲戒処分を避けるためだけではなく、必要な礼儀です。

2022/５/16

実務に役立つクールな話題　**無償返還届を遅れて提出する場合のリスク**

テーマ　土地は個人所有で、建物（アパート）を法人が所有している。10年前に借地権が存在することを前提にした相続税を申告している。この土地を売却するについて、いまから無償返還届を提出するの

は無茶だろうか。

- 無償返還届は遅滞のない提出が必要ですが、しかし、実務はいつでも良いとしているようです。相続後の提出を認めた事例も聞いています。
- 相続税の申告で借地権控除を行った後にも認められるのか。理論ではなく、実務なので答えが出せないが、理屈としては、①５年を超えれば相続税の申告は問わないのが税務なのか、②事実認定については100年でも遡るのが税務なのか。
- 提出して納税額が増えるのなら提出が可能。提出して納税額が減るのなら基本的にはダメ。納税額が予測できない時点なら提出しても OK。そのような印象を受けます。
- 普通の人たちは、法人に土地を利用させたら、そこで借地権相当の価値が会社に移転するとは考えません。更地価額を確保するための無償返還届の提出を租税回避と考える理屈は硬直的すぎます。
- ただ、直近に土地を売却する予定がある場合に、その売却に先立った無償返還届の提出は、中立ではなく、節税なので無理です。当事者による自由な売買価額の配分を認めてしまいます。仮に、認められるとしても実務的なリスクが大きすぎます。

2022/５/16

実務に役立つクールな話題　**取締役を解任した場合の残存期間の報酬請求権**

テーマ　オーナー経営者と軋轢が生じた取締役を解任したら、その後に弁護士からの内容証明で、解任された取締役の残余期間の報酬請求権を行使してきた。

- これは給与ではなく一時所得なのですね、さらに源泉徴収は不要で損金処理が可能。「中途解任した役員に支払う会社法第339条２項に基づく損害賠償金に対する源泉徴収の要否について」という文書回答事例で「損害賠償金に役員としての役務提供の対価たる役員報酬の性質は認められず」「給与所得ではなく対価性のない一時の所得として一時所得に該当すると考え」られるとして、さらに源泉徴収は不要と解説しています。

● 解任後の総会で任期を１年に短縮する定款変更を行ったら、解任した役員の残余の報酬請求権を減額できるだろうか。

● ダメです。東京地裁平成27年６月29日判決ですが、会社法339条２項の趣旨は「取締役の任期途中に任期を短縮する旨の定款変更がなされて本来の任期前に取締役から退任させられ、その後、取締役として再任されることがなかった者についても同様に当てはまる」と判断しています。ただし、５年５ヶ月の任期が残っている取締役について「損害額の算定期間は原告らが退任した日の翌日から２年間に限定することが相当である」とも判断しています。つまり、将来の状況の変化があるので５年５ヶ月の残任期間の報酬は補償されないが、商法時代の取締役の任期２年分は補償するという趣旨と読み取れます。

● 定款に定めた任期が２年なら、解任した取締役が請求できるのは残任期間だが、任期10年と定めてしまうと、残任期間に制限されず２年分の報酬が請求できます。取締役の任期は商法時代と同様に２年にしておく方が無難です。

2022/５/17

実務に役立つクールな話題 **預金が相続前に移動している場合の遺言の解釈**

テーマ　遺言書に預金は長男が２分の１、次男が２分の１、その他の財産は長男と記載があるが、相続の３ヶ月前に預金が金銭信託に預け替えになっている。

● 被相続人は預金と金銭信託の違いを理解せず、預金の感覚で信託銀行に預けたのだろう。相続人に争いがないのなら、金銭信託も預金の比率で分けるのが公平だと思う。

● ダメです。金銭信託は預貯金ではないから、その他の財産として長男が全額を取得します。相続人が了解しても、根拠のない按分は相続人間の贈与と認定されるリスクがあります。

● いや、遺言に反する遺産分割は有効です。国税庁の質疑応答事例で「遺言書の内容と異なる遺産の分割と贈与税」として「相続人全員の協議で遺言書の内容と異なる遺産の分割をしたということは

(仮に放棄の手続きがされていなくても)、包括受遺者である丙が包括遺贈を事実上放棄し（この場合、丙は相続人としての権利・義務は有しています。)、共同相続人間で遺産分割が行われたとみて差し支えありません」と解説しています。そもそも税務署は、相続財産の全てが計上されていれば、誰が、どの財産を取得するかについて無関心です。

- 弁護士が登場したら、金銭信託は預金ではないと言い出すのでしょうね。しかし、それが結果の妥当性を欠き、著しく不公平な分割になる場合に裁判所が認めるか否か。弁護士が登場したら全てが予測不能になります。

2022/5/17

実務に役立つクールな話題　**50%出資の合弁関係の解消と青色欠損金と投資損失**

テーマ　Ａ社とＢ社で各々が50%の出資でＸ社を設立したが、これを解消することになり、Ａ社がＢ社から出資持ち分を買い取って100%支配にした。その後、Ｘ社を解散するが青色欠損金は承継できるのか。

- Ａ社には５年50%超がないので無理です。それが可能なら青色欠損金を抱えている会社の株式を取得し、その後、解散すれば、青色欠損金が利用できてしまいます。
- ５年以内の株式取得に伴い完全支配関係が生じた場合には、子会社株式消滅損も認識できず、繰越欠損金を引き継ぐこともできません。単に、株式を取得してスムーズに会社清算を行いたかっただけなのですが、何か悪いことしたのかというぐらいの不利益が生じています。
- 次の図をイメージすると基本的な要件を失念しません。つまり、過去の要件、再編時の要件、未来の要件の３つです。

過去の要件	再編時の要件	未来の要件
実質要件	再編時点に存在すれば良い形式要件	実質要件

過去の要件
なぜ、５年50％が要件なのか
５年の支配があれば自社の欠損金
会計法で国は６年前は問えない

未来の要件
なぜ、継続保有の意思が要件なのか
分社型で二重の含み損を作り出せる
二重の含み損の利用を防止する

● 青色欠損金は承継できず、いま現在は完全支配なのでＡ社が所有するＸ社株式の投資損失も損金に計上できない。これの解消法は、①第三者にＸ社株式を売却して売却損を計上するか、②Ｘ社の株式の一部を売却して完全支配を解消してグループ法人税制の枠から抜け出すかのいずれかです。つまり、現在の要件を解消してしまうことです。現在の要件は形式要件ですから解消することは容易です。

2022/５/18

実務に役立つクールな話題 **遺言書で所有株式を発行会社に遺贈した創業者**

テーマ 「当社の主要株主であった佐藤仁一（会長）の逝去に伴い、生前から佐藤仁一が当社の安定的な事業継続と経営環境に対応した資本政策を行うことを希望しており、その一環として佐藤仁一が所有する当社株式の全てを当社へ無償譲渡する旨の遺言に基づき、遺言執行者より当社に対し当社株式の無償譲渡の通知があり、当社は株主価値の向上と将来的に有効利用を図るためこれに応じることにいたしました」。そのような佐藤食品工業株式会社の情報開示がありました。

● 株数は205万株で、発行済株式総数に対する割合は33％。１株当たりの純資産は2984円という驚くような処理で、いかに会社を大切に考えていたのか、経営者の鏡のような遺言です。

● このような崇高な処理について、税法的な分析をするのは不遜ですが、しかし、これはどのような課税関係になるのですか。

● 法人への贈与として所得税法59条が適用されて準確定申告。会社は自己株式の無償取得ですが、資本取引として非課税。準確定申告では地方税は課税されないので所得税15％です。

● 相続すれば、おそらく、相続税の最高税率である55％。それに比較すれば15％の所得税で済ませることができて、さらに、この所得税が債務控除の対象になるのですから税法的には非常に優れた処理です。

● 金額が大きすぎて、想像を超えますが、仮に、1000万円で考えたら、相続税なら550万円の負担。これを会社に贈与したら所得税150万円で、それが相続税の債務控除になって70万円程度の負担。税法的にも素晴らしい処理です。

2022/5/21

実務に役立つクールな話題 **得意先が破産を申し立てた場合の貸倒処理**

テーマ 得意先の代理人弁護士から破産手続を開始したという連絡があって、裁判所に債権届出をしたが、その後、連絡が途絶えて10年以上が経過している。貸倒処理できるのか。

● おそらく、既に破産手続きは終了し、会社は解散して消滅していると思います。つまり、既に過去の貸倒損失であって、それが5年以内なら更正の請求ですが、その期間も経過していれば損金処理は無理です。

● 破産手続で債務の一部でも弁済される割合は10％を下回ると思います。つまり、90％は連絡もなく破産手続きは終結してしまいます。だから破産の連絡があったときに90％の貸倒引当金を計上し、翌年度に全額を貸倒損失に落としてしまいます。

● さらに、実務は進化し、相手が破産を申し立てた場合は貸倒損失です。貸倒損失の処理をせず、債権を残しておいたら処理する時期を逸してしまいます。

● 常に債権の全額が回収不能になると決まっているわけでもないので、全額を貸倒損失に計上してしまうのは税法の処理に違反しませんか。

● いや、その場合は、貸倒損失として損金経理していた売上債権について、貸倒損失から貸倒引当金への変更が認められます。貸倒損失を計上した事業年度の確定申告書の提出後において、「個別評価金銭債権に係る貸倒引当金の損金算入に関する明細書」を提出したときは、その貸倒損失の金額が貸倒引当金の損金算入額として取り扱われます（法人税基本通達11－２－２）。

- 貸倒損失として処理する場合は、債権放棄手続が必要だと思い込んでいる方は注意が必要です。債権放棄をしてしまうと、その時点では回収が可能だったと指摘されて、貸倒損失の計上が否認された場合に、その後の貸倒処理も行えなくなります。回収可能な債権を自ら消滅させてしまったことになるからです。つまり、実行すべきは法人税基本通達９－６－１の（４）の処理ではなく、同通達９－６－２の処理です。
- 破産を申し立てる旨の連絡があった場合は、直ちに全額を貸倒処理し、後の一部の回収が可能と指摘された場合は貸倒引当金への乗り換え。それが現時点の原則的な処理です。

2022/５/21

2022年５月22日～５月28日

実務に役立つクールな話題　**共有地の上に建築された二世帯住宅と小規模宅地**

テーマ　２階建ての二世帯住宅で、１階に母、２階に長男夫婦が居住している。土地は母と長男の共有だが、建物は１階は母、２階は長男の区分所有登記。この場合の居住用小規模宅地の範囲を知りたい。

● 区分所有登記をしてしまったのが間違いです。二世帯住宅でも、区分所有登記をしなければ一棟の建物での同居と判定される。しかし、区分所有登記をしてしまうとタワーマンションの101号室と909号室の関係。つまり別の建物です。

● 建物区分所有法１条は「一棟の建物に構造上区分された数個の部分で独立して」と、構造上の違いを判定の基準にしています。しかし、措置法通達69の４－７の４はそれに加えて「区分所有建物である旨の登記がされている建物をいうことに留意する」と宣言して区分所有登記の有無を判定の基準にしています。

● 区分所有登記の有無で区別するのを不当と納税者が主張した非公開裁決があります（令和３年６月21日裁決　税のしるべ電子版2022年５月18日）。しかし、審判所は「区分所有建物の登記の有無によって措置法施行令第40条の２第４項括弧書きの適用範囲を合理的に画するものであり、審判所においても相当であると認める」と納税者の請求を棄却しています。

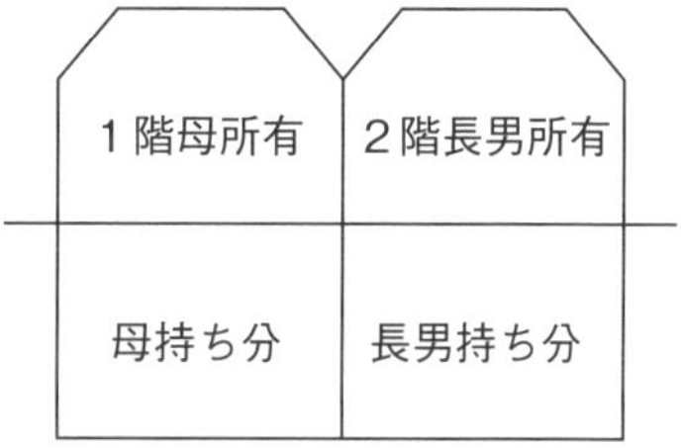

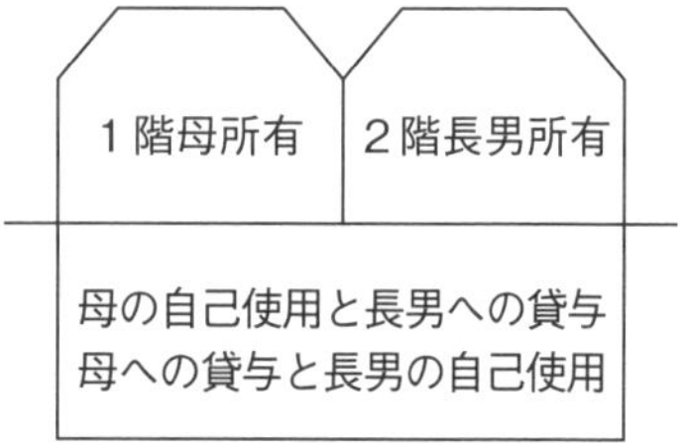

● そうしたら共有する敷地の上に存在する２棟の建物になりますが、その場合の土地の共有持ち分は、各々の居住部分に対応して利用されていると考えるのか。つまり、母所有の区分所有部分を次男が相続すれば家なき子として母の敷地持ち分100％が小規模居住用宅地になるのか。

● 違います。土地の持ち分は相互に利用し合う関係になります。だから次男が相続しても、小規模居住用宅地になるのは母持ち分の半分だけです。

● しかし、それは疑問です。タワーマンションの101号室と909号室を所有する場合なら、各々の区分所有部分に対応する敷地権は全てが小規模居住用宅地に該当します。タワーマンションの全室が相互に敷地を貸与する関係という判定にはなりません。

● 敷地権の登記がある場合は土地が分筆されていたのと同様に考えます。母所有家屋の敷地と、長男所有家屋の敷地と2筆に分かれた土地です。敷地が共有の場合に相続前に土地を分筆した場合も同様です。つまり、土地と建物を一対一の関係にしておくことです。2階建ての区分所有では無理ですが、横に並ぶ長屋型の二世帯住宅なら土地を分筆することで土地と建物が一対一の関係になります。

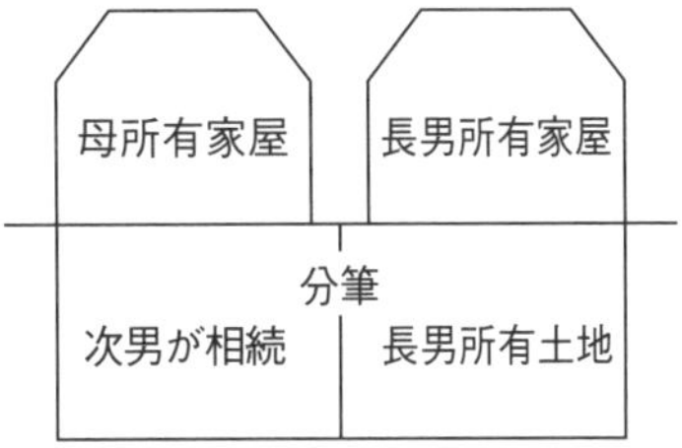

2022/5/22

実務に役立つクールな話題 **資産を取得しない者についての債務の承継割合**

テーマ 土地や建物を長男と次男に相続させるという遺言書はあるが、債務の記載がない。弁護士に聞いたら債務は法定相続分で按分するというが、資産を取得しない三男に債務を按分したら、相続税の総額が多くなってしまう。

● 法定相続人は3名の場合で、資産は3億円、債務が9000万円だと、債務を3名に割り振ったら三男はマイナス3000万円の相続。相続税の課税価額は2億4000万円になってしまう。

● 相続税法基本通達13－3が、そのような場合に備えています。「これらの者の実際に負担する金額が確定していないときは民法第900条から第902条（遺言による相続分の指定）までの規定による相続分又は包括遺贈の割合に応じて負担する金額をいう」と民法の原則を宣言した上で、「ただし、共同相続人又は包括受遺者が当該相続分又は包括遺贈の割合に応じて負担することとした場合の金額が相続又は遺贈により取得した財産の価額を超えることとなる場合において、その超える部分の金額を他の共同相続人又は包括受遺者の相続税の課税価格の計算上控除することとして申告があったときは、これを認める」と救済策が用意されています。

- これは遺言がある場合に限らず、「私は、財産は不要だ」と、事実上の相続放棄をした案件でも適用されます。私が担当した案件ですが、その後の税務調査で同族会社株式の評価額に争いが生じて、更正処分を受けることになったのですが、その際に問題になったのが債務の按分。「私は、財産は不要だ」と事実上の相続放棄をしているのに債務を法定相続分で按分されたら困ります。
- 課税庁も、「私は、財産は不要だ」と言っている相続人に債務だけを按分し、純資産額以上の相続税の課税価格を計上した更正処分は行えません。民法が資産（借方）しか規定していないために生じる矛盾を、税法は上手に埋めてくれています。

2022/5/24

実務に役立つクールな話題　**土地を購入する場合は個人か、会社か**

テーマ　土地を個人で買うか、法人で買うか迷っています。

- 昭和の時代は、相続税を考えて会社で買いましたが、いま、売却することを考えたら個人が良い。土地を法人で所有している人たちがいますが、土地を売却して現金を個人で取り戻すことが難しい。これが個人所有なら20.42％の税金で残りが手取りです。
- 昭和の時代は土地を処分することなど考えませんでした。土地を売るのは失敗したときに限り、土地を購入する時点では失敗は想定しませんでした。いま子への事業承継が難しく、会社を閉めるのが珍しくない時代です。
- 個人で土地を持ち、建物を賃貸すれば貸家建付地評価減が受けられて、特定同族会社小規模宅地の評価減も受けられます。
- 会社を第三者にＭ＆Ａで譲渡する場合も経営権と不動産を分離できるのは自由度が増します。
- 会社で借金して土地を買っても、個人で借金して土地を買っても、投資としてのリスクは同等ですし、状況に変化があれば会社に買い取って貰うことも可能です。

● 含み損が生じてしまった場合は他の所得と通算できる法人税が有利です。仮に、カボチャの馬車への投資のような無謀な取引をする場合は会社が有利です。

2022/5/25

実務に役立つクールな話題 **固定資産除却額16億6797万円を計上した勇気のある事案**

テーマ　請求人は、平成28年３月30日に、土地を33億1120万円、建物を18億円で購入し、売主との間に建物の定期建物賃貸借契約を締結して、売主に対して平成29年12月末日まで月額賃料723万8350円で建物を賃貸した。その後、建物の解体工事の完了に伴い、法人税の確定申告書において建物の除却額16億6797万6246円を損金の額に計上した。

● 税のしるべ電子版に紹介された「令和３年６月23日非公開裁決」で、課税庁は固定資産除却損を否定し、審判所も課税処分を是認した案件です。

● 審判所は「請求人は、再利用する価値に乏しく老朽化した本件建物について、本件契約日から一貫して本件建物を取り壊す目的を有し、本件建物を取り壊すことを前提にした事業計画に基づき、資金調達や外部広告を行うほか、設計業者に本件土地上の新築○○を設計させ、本件賃貸借契約の期間満了後、速やかに本件建物を取り壊し、その後、○○を新築していることが認められる」と事実認定をしました。

● 法人税基本通達７－３－６の「その取得後おおむね１年以内に当該建物等の取壊しに着手する等」を意識したのでしょうか。取得日から１年９ヶ月後の取り壊しです。しかし、「当初からその建物等を取り壊して土地を利用する目的であることが明らかであると認められる」と事実認定されてしまった。

● 固定資産除却額16億6797万6246円が計上されていたら課税庁も無視できない。当初から取り壊し予定の建物に18億円の取得価額を配分し、１年を経過した後に建物の除却損を計上する。課税処分に納得せず審査請求まで行っている。

- 多様な背景事情があるのでしょうが、裁決に現れた事実関係から考えれば勇気のある処理です。「おおむね１年以内」を形式的に判断したことと、建物への取得価額の配分も節税を意図した不合理な内容だったと想像します。

2022/5/26

実務に役立つクールな話題　**破産手続の終結を知らずに貸倒損失の時期を失する**

テーマ　破産手続が配当弁済もなく２年前に終了していた。その期に貸倒損失の処理をしておくべきだったが、破産手続の終了の事実を知ったのが先ほどで何もしていない。

- ２年前に破産手続が終了していれば、その後の回収はゼロで、貸倒損失は確定。２年前の損失として更正の請求です。
- 「破産手続の終結決定があった日に法人格が消滅したものと認められることから、請求人が有する破産法人に対する売掛債権は当該終結決定の日に消滅したと認められる。そうすると、当該終結決定の日は当事業年度前であり、当事業年度の貸倒損失とすることはできな」いとした平成20年６月26日裁決です。
- しかし、最終配当があれば破産手続の終結を認識できますが、配当がない場合は債権者には通知されない。そうするとスジとしては更正の請求なのだろうけれど、破産廃止日のあった日の属する事業年度の翌期になって気が付いた場合は、その年度で貸倒処理しても実務的には認められると思う。
- 「解散・清算実務必携」に「実務では容認される」と解説されていました。平成20年６月26日裁決を引用した上で次のように述べています。「この裁決に従えば、破産手続廃止の決定又は破産手続終結の決定の時点が貸倒損失の計上時期となりますが、必ずしも債権者に周知されるわけではないので、実務的には債権者側が破産終結決定等を知った時に貸倒損失を計上することも容認されています」。
- 債務の消滅の意味では、法人税基本通達９－６－１の会社更生、民事再生、特別清算による債権カットと同じですが、破産終結の場合は債権者に知らされることがない。だから知ったときでOK。その意味ですね。しかし、それが3年、5年を経過した後でも良いのでしょうか。

● いや、だからこそ、相手が破産を申し立てた段階で損金経理をして全額を貸倒処理にしてしまう。破産手続で配当が実行されるのは10%もないのですし、配当率が債権額の10%を超えることは1%もない。法人税基本通達9－6－2で損金経理してしまうのが原則だと思います。

2022/5/27

実務に役立つクールな話題 **事業承継と役員退職金の受給者の判断**

テーマ　相続財産の中心を占めるのは同族会社の株式。ところが先妻の子など、相続人の関係はよろしくない。さらに息子を会社の後継者に入れてしまった面倒な関係。どんなアドバイスが可能なのか。

● 死亡退職金です。生前退職金では相続財産を増やしてしまうだけです。だから死亡退職金を支給し、その支払先を会社の後継者として株主総会決議をします。

● 役員退職金規程には、法律上の拘束力はありませんが、そこに死亡退職金の支給先を会社の取締役である相続人と規定しておくのも有効です。会社の安定経営の為に会社の後継者に退職金を支給するという名目です。

● 従業員退職金なら就業規則で、公務員の退職金なら国家公務員退職手当法などで支給先が決められているが、それは労働の対価だからです。取締役の退職金は過去の職務に対する報償（贈与）ですから誰に支給するのも自由です。

● 退職金の支給決議を可能とする議決権を後継者が確保しておくことも必要です。相続時精算課税で株式を贈与してしまう。さらに特別受益と遺留分対策のために、贈与後に、株主割当の旧額面額による10倍の有償増資を実行し、特別受益や遺留分の対象になる贈与株式の割合を減じておく。

- 死亡退職金を特別受益に該当しないと判断した事案（東京高裁昭和55年９月10日決定、東京家裁昭和55年２月12日審判、大阪家裁昭和53年９月26日審判）もあるが、特別受益に該当すると判断した事案もあります。会社の代表取締役に対して支払われた1000万円の弔慰金について「生前の会社経営に対する功労報酬的性格」を持ち、他の相続人間の公平も考慮すべきであるから「弔慰金は遺贈に準ずるものとして民法903条の特別受益にあたる」とした事案（東京地裁昭和55年９月19日判決）です。
- 息子は別会社を設立し、親父の会社の商圏を、事実上、譲渡してもらって自分の会社を作り上げる。相続人の間にぶんどり合戦が予想されるなら、さっさと見切りをつけて別会社として自立するのが健全です。

2022/5/28

2022年５月29日～６月４日

実務に役立つクールな話題　**個人番号カードが失敗した理由**

テーマ　個人番号制度の失敗の理由は、①本人の写真というアナログ情報を取り込んだことと、②プラスチックカードというアナログ媒体を利用したこと。

- 個人番号カードには写真が添付される。しかし、本人と写真を照合するという制度自体がアナログだ。社員の求人を担当したら履歴書に添付された写真と面接にきた本人が同一人かと驚かされた経験は誰でも持っているはずだ。
- 写真とカードが不要なら全てはネットで処理できます。利用の度に顔認証するわけではないし、クレジットカードや健康保険証は顔写真は不要です。パスポートや運転免許証など、現場での照合が必要な場合に限って写真が利用される。写真が利用されたのはデジタル以前のアナログ時代の技術の限界です。
- 各人に番号を付し、その番号に銀行預金、健康保険証、クレジットカード、年金手帳、電話番号、住民票をひも付ければ制度は完成したはずです。
- あなたの番号は123456ですと通知し、手続の際にその番号を伝えるだけで良かった。プラスチックカードがなくてもシステムとしては機能する。嘘の番号を通知した場合に、その番号が嘘と確認できるシステムがあれば完璧です。仮に、番号と氏名、生年月日を入力したら「error」と回答が出るサイトです。
- 担当者は、より完璧なモノを求めたのか、デジタル化の意味が分かっていなかったのか、他国の制度に倣っただけなのか、デジタル化の社会をイメージできなかったのか。それにしてもほとんどの人たちが必要としない個人番号カードです。

2022/5/31

実務に役立つクールな話題　**持株が50％超になった場合の相続税法９条の適用**

テーマ　社長の持株割合が60％で、次期社長の持株割合が40％だが、銀行から次期社長の持株を50％超にして欲しいという提案がある。しかし、株式の原則評価は旧額面の100倍になっている。

- 社長から９％の株式を次期社長に配当還元価額で譲渡し、その後、３％を原則評価で社長から会社に売却したら良いと思う。
- その結果として、次期社長の持株の株価は100倍に上がるが、それに相続税法９条の適用はないのか。

　49％の時点での評価　＝　49万円
　50％超の時点での評価　＝　5000万円

- この場合の９条の適用はいくらなのか。「5000万円－49万円」になったら大変だが、私はゼロだと思う。仮に、次のようなＡ地（無道路地）があったとして、Ｂ地を時価で買い取ればＡ地の時価も100倍になる。その場合にＡ地を100倍の評価増の９条は適用しない。

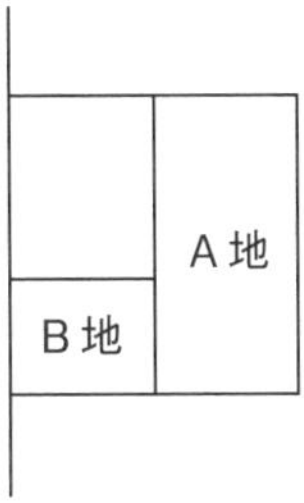

- 社長は３％の株式を時価で売却している。仮に、社長が配当還元価額で３％を売却したとしても、社長が手放した価値以上の価値について、次期社長に相続税法９条が適用されることはあり得ない。

2022/5/31

実務に役立つクールな話題　**電子申告と決算書の提出**

テーマ　エプソンで作成した申告書は電子申告で、弥生会計で作成した決算書は郵送していたところ、税務署の総務課統括から電話があって全て電子申告で完結するようご協力をいただけないかと。

- 私は、税務は魔法陣、会計ソフトは弥生会計と勘定奉行です。決算書は会計ソフトから、財務諸表 XBRL に書き出して、国税庁 e－Tax ソフトで送信しています。
- そのような処理をやり始めたのだが、煩雑過ぎて挫折してしまい、ペーパー印字の決算書を郵送するスタイルに逆戻りしています。しかし、なぜ、決算書の PDF 提出を正式に認めないのか。
- データを PDF で送ってきたら、再活用できない。CSV うや XBRL で送れば税務署側の作業は楽になる。申告書の数値と決算書の数字（当期利益、減価償却費、繰越損益など）が一致していることが自動でチェックできる。さらに活用すれば、統計的なデータ比較も可能になる。税務署が決算書のPDFを認めていたら、いつまで経ってもPDFの決算書しか送ってこないだろう。デジタル化や電子申告の意味がなくなる。

- PDF添付の電子申告の場合も、決算数字をデジタル化し、国税システムに読み込む手間は掛けていないと思う。郵送された紙提出と、PDF提出はそのまま保存される。つまり、電子申告は、大量の紙の申告書を倉庫に保存するという無駄の解消であって、それ以上に申告書のデータをデジタルデータとして分析するような処理は行っていない。
- 「直近3年分の所得税申告書等のPDFが取得可能に」という記事をみかけた（税のしるべ　2022年5月27日）。所得税の確定申告書がPDFファイルで取得できる「申告書等情報取得サービス」だが、その対象は「e-Taxで申告書等を提出した場合だけでなく、書面で提出した場合も同サービスを利用することが可能」と説明している。税務署はPDFデータをデジタルデータには変更していないのだ。
- 仮に、デジタルデータが有効利用されていれば、前年度比較で2倍に増えた経費、不動産所得で計上された多額の修繕費など調査対象が自動的に抽出できると思うが、そのような抽出をしているとは思えない。要するに、いま時点での電子申告はデータを貯めているだけではないだろうか。

2022/5/31

実務に役立つクールな話題　**未成年者の法律行為と親権者の同意**

テーマ　未成年者に同族会社の株式を贈与する。受贈者が小学生の場合は、本人が株式の受贈を認識できないので親権者の署名捺印が必要だが、受贈者が高校生の場合は親権者の署名捺印を要しない。

- なるほど。民法5条の「未成年者が法律行為をするには、その法定代理人の同意を得なければならない。ただし、単に権利を得、又は義務を免れる法律行為については、この限りでない」ですね。
- 贈与税が発生する旨を伝えたら、単に権利を得ての場合ではなく、義務が生じるので、高校生であっても「親権者の署名捺印あり」に変更するというのが関与した弁護士の意見でした。

● 弁護士のところに登場する未成年者は、訴訟当事者の場合なので、「法定代理人　親権者　父　山田太郎　印」ですが（民事訴訟法31条)、ご指摘を受けて考えてみれば贈与や売買契約は、①未成年者自身の契約か、②親権者の同意なのですね。その場合に、③親権者が法定代理人として取引してしまったら問題があるのだろうか。

● 未成年者については親権者が法定代理人として署名捺印するということでよいと思います。親権者の同意といっても３歳の子が親権者に同意を求めることは不可能ですし、親権者は、未成年者の法定代理人なのですから。

2022/5/31

実務に役立つクールな話題　**遺言書が無効になった場合の死因贈与という救済**

テーマ　押印がないために遺言書は無効になったが、死因贈与として救済された。他の相続人には遺留分として金銭を支払うが、この場合の課税関係は。

● 無効な遺言書は死因贈与契約に転換することができます。自筆証書遺言を作成したが、形式不備で無効になってしまった。そのような場合でも、受遺者が遺言書の作成に立ち会うなど、当事者の間に遺贈の意思の合致がある場合は、無効な遺言書が死因贈与契約として効力を持つことがあります。

● 贈与契約の成立には双方の合意が必要なので、遺言書の作成を受遺者が知らない場合はダメです。遺言者と受遺者の合意があれば、口頭でも死因贈与契約は成立しますから、無効な遺言書は死因贈与契約が成立した事実についての立証手段です。

● 口頭による死因贈与の利用例を聞いた。長男と結婚した花子だが、子に恵まれず、夫も、義父も死亡し、いま、義母と２人で生活をしている。そして義母が死亡した。その場合は、義母の財産は、全て、義母の兄弟姉妹、つまり、叔母に相続されてしまう。しかし、叔母は、「いいのよ、姉は花子さんを実の娘と思っていた。自宅は花子さんに相続してもらうのが良い」と言ってくれている。

- ただ、その場合には、一度は叔母が居宅を相続して相続税を納めた上で、次に花子に居宅を贈与する必要がある。二度の税負担は大きいし、贈与税の税率は高率だ。節税するとしても３年、あるいは４年に分けて持分を贈与することぐらいしか思い付かない。
- そこで登場するのが口頭による死因贈与契約です。「姉は、生前に、自宅は花子に相続して欲しいと語っていた。それは姉と花子との間の口頭による死因贈与契約であったことを証明する」。そのような書面を叔母の署名によって完成させて税務署に持ち込みます。税務署は、それを口頭による死因贈与契約として、居宅を花子が相続することを認めてくれました。
- 口頭による死因贈与契約の効果を税務署は認めるか。もちろん、租税回避の事案ではなく、死因贈与と認定することに必然性がある事案に限りますが、それが認められたいくつもの事例を聞いています。税務署の判断基準は常識であり、救済です。そもそも税務署にしてみれば、誰が相続するにしても相続税の総額は変わらない。花子が相続してくれれば２割増しの相続税が納税されることになります。いや、花子が相続すれば同居親族として小規模宅地が使えますね。

2022/6/2

実務に役立つクールな話題　**合資会社の社員の死亡と持分払戻し請求権**

テーマ　合資会社の有限責任社員が亡くなった。合資会社の社員の死亡は、有限責任社員の場合も、無限責任社員も退社事由なので、持分を相続するのではなく、退社に伴う持分対価の請求権になり、準確定申告の中でみなし配当の申告を行う必要がある。

- 持分の相続も可能です。会社法608条は「持分会社は、その社員が死亡した場合又は合併により消滅した場合における当該社員の相続人その他の一般承継人が当該社員の持分を承継する旨を定款で定めることができる」としています。
- 定款に相続による承継を定めていなくても、税法上は、直ちに入社した場合は相続を認めます。医療法人についての取り扱いです。

● 税理士法人は会社法608条を準用していません。社員になるには税理士資格が必要なので相続による承継を定款に置くことが認められません。ただ、税理士法人の手引きは「相続人が税理士である場合、その相続人が新たにその税理士法人の社員となったり、その相続人がもともとその税理士法人の社員の場合」は「出資持分を承継することも考えられます」と解説しています。

● いや、その解説は変更されています。おそらく国税庁の「税理士法人について」の解説を受けての変更と思います。「税理士法人の社員が死亡した場合、社員の地位の承継はどうなるのですか」という問いに、「税理士法人の社員である税理士が死亡した場合には、社員の資格を相続することはできず、単に死亡した社員の持分払戻請求権等を相続（承継）することとなります」と答えています。さらに「社員の相続人が税理士であっても、社員の資格を相続することはできず、単に死亡した社員の持分払戻請求権等を相続（承継）することとなります」と解説しています。

● 持分の払戻請求権になると、原則としては純資産価額を基準にした払い戻しで、配当所得課税が生じます。ただ、財産評価基本通達194は「会社法第575条第１項に規定する持分会社に対する出資の価額は、178《取引相場のない株式の評価上の区分》から前項までの定めに準じて計算した価額によって評価する」と定めていますので、贈与の場合なら持分の相続税評価額を採用することができます。

● そうであるなら、税理士法人の場合は、生前に出資持分を贈与し、配当所得課税を避けることが必要になります。なぜ、出資持分の相続を認めないという杓子定規な取り扱いなのか。それにしても税理士法人の場合は相続時精算課税を利用しての贈与などの対策が必要になりそうです。

2022/6/3

2022年 6 月 5 日～ 6 月11日

実務に役立つクールな話題　**iPhoneは新製品に買い替えるべきか**

テーマ　iPhoneを買い替える時期、これはいつですか。①新製品を追いかける、②バッテリーが劣化したとき、③ときどきは買い替える。

● ここ5年くらい毎年買い替えています。毎日かなりの時間をiPhoneを見て過ごしますので新しいものを使っているのが結果的にコスパがいいと思っています。

● 概ね2年サイクルでと意識しています。1日外出していると、夕方バッテリーの残量が少ないと警告がでます。事務所で仕事していると気づかないのですが。

● カメラのキタムラなどでは純正品バッテリーを数千円で替えてくれます。バッテリーが1日持たなくなったので今年替えてもらいました。使おうと思えばまだ3年は使えそうです。

● 私もカメラのキタムラでバッテリーを交換した経験があります。交換後は新品時と同じようにバッテリーが持つようになりました。バッテリー劣化が原因でのiPhone買い替えは理由にはならないと思いました。

● バッテリー交換費用はApple StoreやApple正規サービスプロバイダでは機種によりますが7000円～10000円程度です。私は非正規店でバッテリー交換しましたが、時間も30分ほどで完了してバッテリーの持ちもよくなりました。

● 若い人たちが買い替えているのに、購買力に不自由しない高齢者（私）が買い替えないのは、時代に遅れているのか気になっていましたが、お話を伺って、バッテリーに支障がなければ買い替える必要はないと確信しました。

2022/6/6

実務に役立つクールな話題　**遺言執行者に指名されている相続が開始した**

テーマ　私（税理士）が遺言執行者に指名されている相続が発生したが、「相続させる遺言」なので遺言執行者の押印を要せずに相続登記が可能なことと、他の相続人は兄弟と甥姪で遺留分がないので遺言執行者への就任を辞退したい。

- 遺言執行者に就任すれば、遺留分のない兄弟姉妹や代襲相続人の甥姪にまで財産目録を作成して交付しなければならない。個人情報である相続財産の内容を兄弟姉妹に開示することを躊躇します。
- 遺留分のない兄弟姉妹に財産目録を提出する義務があるのか。これは義務があるのですね。財産については遺言の指定に従いますが、債務は遺言書では指定できない。つまり、兄弟姉妹にも財産目録を示して相続放棄のチャンスを与える必要がある（『新版注釈民法28巻』谷口和平・石田喜久夫編・有斐閣　330頁）。
- 遺言執行者が存在しなくても「相続させる遺言」なら、指定された相続人のみで相続登記は可能ですが、遺言執行者が就任しない場合は、銀行の書式に従った全ての相続人の押印が求められる可能性がある。
- 私が遺言執行者に就任したときは、兄弟姉妹の人たちには遺言書のコピーを郵送し、「財産目録の作成は省略させていただきます」と通知しました。一般素人と異なり、専門職の人たちは「知らなかった」という言い訳ができないので、「なぜ、財産目録を送ってくれないのか」と変わり者の相続人から苦情を受けると面倒です。
- そもそも遺言書を作成する時点で、その遺言の主人公になる相続人や受遺者を遺言執行者として指定しておけば良いのです。税理士などの専門家が遺言執行者に指定されても、相続が発生するのが10年後、20年後になります。それまでの事情の変更もあって、そのような長期のお付き合いは難しい。

2022/6/7

実務に役立つクールな話題　**孫夫婦に使って貰っている貸室を有償の貸与にする**

テーマ　保有しているマンションの一室を孫夫婦に無償で使用させている。将来の相続に備えて有償の貸室契約にしたい。どの程度の賃料が必要か。

- 貸家建付地と小規模貸付用地の２つの特例ですが、理想的には他の居室と同じ家賃でしょう。いざ相続が開始したときに、他の部屋と比較して２分の１の家賃だったらドキドキしてしまいます。

- しかし、この種の節税策は、アイデアとしてはあり得ますが、実行するのは難しい。相続が開始するのが６ヶ月後なのか、３年後なのか、30年後になってしまうのか。80歳だから相続が近いとは言えません。それまでの間について実際に家賃を取得し、所得税を申告し、その見返りに家賃相当の贈与を続ける。そのような面倒な処理を続けられるのか否か。
- 私は、長男と長女に無償貸与している建物を、相続を意識する状況になったら家賃を請求する有償の貸与にしようと計画しています。しかし、本当に、その段階になったときに、そのような節税策を思い出せるか、実行できるか。
- 節税のためには面倒を厭わず。そういう家族でないと実行は難しいですね。

2022/6/7

実務に役立つクールな話題 **借地の返還を受けた後に土地を売却した場合**

テーマ　土地所有者が、借地の明け渡しを受けた後に、土地を更地として売却した。この場合は底地は５％の概算取得費を利用し、借地権については立退料相当額を取得費にする。

- 民法上は、土地所有者が借地の返還を受けたら、そこで混同によって１つの土地になってしまう。しかし、所得税基本通達38－４の２で底地部分と借地権部分を別々に計算することを認めています。
- 混同によって１つの土地にはなるが、譲渡所得の計算では取得時期も取得費も分けて計算することを認めます。長期譲渡と短期譲渡の違いが生じるのだから当然で、所得税基本通達33－10は「土地の取得の日は、当該底地に相当する部分とその他の部分とを各別に判定する」と定めています。
- この場合の譲渡対価ですが、これを６対４の借地権割合で割り振ったら短期譲渡所得が計上されてしまいます。所得税基本通達33－11の２は「借地権等を消滅させた後、土地を譲渡した場合等の収入金額の区分」として「借地権等の消滅につき対価の支払があつた場合において、その対価の額の適正であると認められるときは、その対価の額（手数料その他の附随費用の額を含まない。）によることができる」と定めています。仮に、1000万円の立退料を支払って借地の返還を受け、その後すぐに更地を売却した場合なら、借地権部分の譲渡の対価は1000万円とみなされます。

- 無償で借地の返還を受けた場合は取得価額はゼロ、借地権部分の譲渡対価はゼロ。そのようになるのか、あるいは「その対価の額が適正であると認められる」場合に該当せず、借地権部分の譲渡の対価が計上されてしまうのか。これはゼロでしょうね。更地の譲渡対価の全額が長期譲渡所得になるべきです。
- 借地権の返還を受けて、いつ頃までなら所得税基本通達33－11の２の対象になるのか。返還の直後に限るのか、１年程度なら良いのか。これは長期と短期の譲渡所得の区分の基準である５年まではOKなのでしょう。それ以降でも概算取得費を利用する場合には譲渡所得の差異が生じますが、しかし、所得の全額が長期譲渡所得なので大きな差異は生じません。

2022/6/8

2022年６月12日～６月18日

実務に役立つクール な話題 **債務超過会社を買い取る**

テーマ　資産がゼロの小さな会社だが、免許の関係で会社を生かしたまま売りたい。債務は社長借入金3000万円だが、その始末の方法は？

- 青色欠損金の限度で社長借入金を債務免除し、その残りは会社に出資（DES）をする。
- 社長が出した貸付金で、出資と実態は変わらないのだから、債務超過会社へのDESでも債務免除益課税は行われないと思う。DESで免除益課税なら、擬似DESは租税回避行為になってしまう。
- 株式は旧額面額で売却し、社長貸付金を新たな株主（親会社）に50万円で売却する。しかし、子会社貸付金は50万円で、その見合いの親会社借入金が3000万円なのは問題がないのか。
- 同じような事案で、貸付金は親会社の社長が買い取りました。不良債権なので親会社の社長が引き取るという趣旨です。しかし、本当の目的は、社長は返済金を退職後の年金にする予定でした。子会社を経営し、経営状態が良くなったら返済を開始します。

2022/6/12

実務に役立つクール な話題 **残余財産を役員退職金で支払ってしまう**

テーマ　清算前に不動産を売却したこともあり、内部留保が１億円ほどの会社。それ以外には資産も負債もない状態。税法上の一般的な退職金上限では3000万円ほどだが、１億円を退職金として支給してもよろしいか。

- 法人で損金を計上する必要がないなら過大退職金として否認されても実害はないですね。理論的には配当所得と言われる可能性ですが、それは租税回避の金額的な度合いだと思います。
- 私なら、５年ほど、毎年1000万円の給料を支払って、極端な金額の退職金支給は避けます。「否認できないだろう」という処理は不安があります。
- 75歳以上なら法人が支払う社会保険料はないが、個人としては後期高齢者医療保険料と年金支給停止基準を考える必要がある。５年も税理士報酬と均等割を払うことになる。期中に税務調査はなくても、清算後に過大退職金が追及されるほどの規模なら売上ゼロでの過大役員報酬についても追及される。

- いままで商売をやってきて手元に現金がある会社が、従前と同じ給料を支払って否認されるとは思えない。それにリスク回避です。一括の退職金で議論になると面倒ですが、給与分散で議論になっても金額的な影響は小さい。
- 退職金の支給について形式、手続、契約などに不備がない。しかし、経済的合理性がなく、同族会社だからこそ実行できた。それは「その株主等である居住者又はこれと政令で定める特殊の関係のある居住者の所得税の負担を不当に減少させる結果」に該当します(所得税法157条)。
- 清算時に残った現金は、全て、退職金で支給し、残余財産の配当所得課税を避ける。それが無制限に許されるとは思えない。最初の否認事例にならないためにも、役員退職金の適正額の1.5倍程度に収めておくのが生き残りの知恵です。

2022/6/12

実務に役立つクールな話題 **定期同額給与が資金繰りの関係で支払えない**

テーマ　定期同額給与だが、損金算入するには毎月実際に支払う必要がある。しかし、資金繰りの都合で遅配になった場合は、未払計上でも損金算入できるのか。

- 私の理解では、定期同額給与は、取締役の委任報酬を毎月100万円に決めたということ。それは事前確定届出給与と同じですが、定期同額給与の場合は決算３ヶ月後の支払いの事実をもって契約内容を証明することになる。支払いの事実が存在しなければ定期同額給与にならない。
- しかし、資金が不足した場合でも、役員給与を優先して支払い、倒産し、会社を閉めろとはいわないでしょう。債務は確定するのだから、その時点で未払い計上する必要がある。税理士としては未払いの場合でも源泉徴収をしておけば安心です。
- 未払いにするやむを得ない理由があり、会計処理として未払金を計上する。源泉徴収税額を納付し、可能なら給与も近日中に支払う。それが無理な場合は金銭消費貸借に書き換える。それが安全策ですね。

2022/6/12

実務に役立つクールな話題 **申告書に税理士としての署名をしなくても懲戒処分**

テーマ　危ない申告書だから、申告書の作成は手伝うが、関与税理士としては署名しない。その場合でも税理士が懲戒処分を受けたという判決（東京地裁令和４年６月３日判決　税のしるべ2022年６月10日号）があった。

- 相続財産を計上せず、相続税の課税価格を圧縮した申告書を作成し、これを長男に交付した事案です。
- 税理士は、「自身が作成した相続税の申告書の様式を用いた書面を使用して相続税の申告に係る説明をし、書面を長男に交付。これに基づき相続税の申告が行われた」という経過なので、相続税の申告書を税理士が作成しています。
- 「長男に交付した書面は国税庁が相続税の申告手続に使用する様式として提供している相続税の申告書と同一の様式で作成され、そのまま税務署長に提出すれば申告書としての体を成すものであったことからすれば、『税務書類』に該当すると指摘」。裁判所は長男との間に委任関係が存在していたと認定しました。
- ①長男から報酬を受け取っていないことと、②申告書面に税理士として署名押印をしていないこと。これは危ない申告について、税理士として署名をしなければ責任はないという話の流れで登場することが多い。
- 代理人にならなくても、犯罪（事実行為）を手伝ったらダメ。当たり前の判断です。申告書式を作成したらダメ、申告書を下書きしてもダメ、事情によっては計算方法を説明してもダメ。強気なことを言っていた納税者も、税務調査になれば「税理士が良いと言った」なんて語り出します。そのような実務の教訓です。

2022/6/13

実務に役立つクールな話題　**固定資産税評価額が付されていない建物の評価**

テーマ　建築中の建物の評価は「その家屋の費用現価の100分の70に相当する金額によって評価する」とされている（財産評価基本通達91）。しかし、廃止された東京国税局通達は、近隣の類似の建物の固定資産税評価額を採用して良いとしていた。いまでも、この取り扱いは可能か。

● 「その家屋の付近に、その家屋と状況が類似し、かつ、固定資産税評価額の付されている家屋があるときは、当該付近家屋に付されている固定資産税評価額を基とし、当該付近家屋とその家屋との構造、経過年数、用途等の差を考慮して、その家屋の固定資産税評価額に相当する額として評定した価額」とする東京国税局通達ですね。

● 建築費の70％より、近隣家屋の固定資産税評価額の方が遙かに評価額は低い。我が家の場合なら重量鉄骨陸屋根２階建の平成28年固定資産税（築５年）１㎡74,600円　坪246,182円ですが、建築費は坪122万円なので、固定資産税評価割合は20％です。建築費の７掛けが固定資産税というのは嘘です。

● 昭和の時代に大工が作った建物は何もない四角い空間で、洋服ダンスや和箪笥などの収納家具を家具屋から購入した。名古屋の嫁入り道具の時代だったが、いま、収納家具は作り付けで、食器棚、本箱、ウォーキングクローゼットまで付いている。ハウスメーカーの建物は基礎が高く、床暖房付き、窓はペアガラスだが、そのようなコストが固定資産税評価に反映していないのだと思う。

● 東京国税局通達は廃止されたが取り扱いは生きています。資産税審理事務研修教材（平成13年12月14日開催）は「固定資産税評価額が付されていない家屋はどのように評価するのか」という問に対して、「その家屋の付近に、その家屋と状況が類似し、かつ、固定資産税評価額の付されている家屋があるときは、当該付近家屋に付されている固定資産税評価額を基とし、当該付近家屋とその家屋との構造、経過年数、用途等の差を考慮して、その家屋の固定資産税評価額に相当する額として評定した価額」として、「その家屋の付近に、その家屋と状況の類似する家屋がないときは、その家屋の再建築価額から経過年数（１年未満の端数は切上げる。）に応ずる減価の額（定率法によつて計算した金額）を控除した価額の100分の70に相当する金額」と解説しています。「財産評価基本通達（法令解釈通達）の適切な運用等について」という平成12年９月13日付課一評第46号、及び平成12年９月４日付課評１－20が根拠です。

● 建築中と、完成したが固定資産税評価額が付されていない建物は異なりますが、「買主に相続が開始した場合において、当該土地等又は建物等を相続財産とする申告があったときにおいては、それを認める」という国税庁資産税課税情報第１号（平成３年１月11日）に従えば、建築中であっても最終的に引き渡しを受ける建物の評価を採用しても良いと思う。つまり、近隣家屋の固定資産税評価額を利用するのが１番の評価手法で、建築費の70％という財産評価基本通達91は２番の評価手法です。そして１番の評価手法の方が遙かに低額です。

2022/6/14

実務に役立つクールな話題 **ナンバー２に会社を譲渡した一事例**

テーマ　優良会社だが、それを承継する子がいないので、会社はナンバー２の現社長（他人）に承継してもらう。そのために、まず、49％の株式を配当還元価額で現社長に譲渡し、その数年後に４％の株式を会社に原則評価で譲渡する。

● その処理の後に47％の株式を配当還元価額で譲渡したら、それが会社に対する譲渡だとしても節税策であることが見え見えでしょう。相続税法９条の適用が気になります。

● いや、創業者の相続まで47％の株式を所有し続けます。創業者の相続では配当還元価額を計上して相続税を納め、その後、相続人が、相続によって取得した株式として原則評価で会社に譲渡し、譲渡所得の特例を受けます。

● なるほど。創業者の持株の47％は原則評価相当の価値を実現して、それを相続人が取得する。ただし、相続税の課税は配当還元価額で済ませてしまう。

● もし、否認するとしたら、①現社長への配当還元価額での譲渡。しかし、これは否認できない。②会社への原則評価での４％の譲渡。これも否認できないし、その時点で現社長に相続税法９条を適用するのも無理。③相続段階の配当還元価額の採用。しかし、これも否認できません。④相続後の会社に対する譲渡も原則評価なので相続税法９条は適用されない。結局、現社長は配当還元価額で会社の支配権を確保することが可能という結論になるのですね。

2022/6/15

実務に役立つクールな話題 **配当還元価額での株式の買い取りと相続税法９条**

テーマ　創業者が49％の株式を所有し、51％の株式は第三者である現社長が所有している。創業者が身を引くので49％の持株を配当還元価額で会社に譲渡する。

● 会社が少数株主から配当還元価額で株式を買い取った場合に、51％の株式を所有する現社長に相続税法９条が適用されないのか、それが不安で躊躇している。

● 他人間の関係では、租税回避でない限りは相続税法９条の適用はないでしょう。相続税法９条は「利益を受けた場合」に課税するというシンプルな条文です。課税要件を詳細に定めるべき税法が、相続税法９条については課税要件を無視し、「利益を受けた場合」という包括的な大風呂敷を広げています。何でもかんでも包み込んでしまえる大風呂敷を適用するには、①租税回避の場合（相続税法基本通達９－２）か、②身内間の価値の移動（同９－４）であることが必要です。

● しかし、本件は売主が49％を所有する株主です。49％という持ち分は、会社支配の関係かもしれませんが、課税対策であることを十分にうかがわせる。少数株主の持ち分が５％や、多くても10％の場合とは異なるリスクがあります。

● 会社の半分（49％）の持ち分を持つ株主が、それを配当還元価額で譲渡する。その動機も気になります。そのような処分が経済的に合理的なのか。税法は、取引の形式よりも、取引の動機を重視するように思います。

2022/6/15

実務に役立つクールな話題 **事前確定届出給与と退職金の支給限度額**

テーマ　社保対策で、定期同額給与を月額10万円にして、事前確定届出給与を1000万円にしている。この場合の役員退職金の支給限度額を知りたい。

- 年俸と考えれば1120万円を12ヶ月で除しても良いように思うが、しかし、そのような考え方は否定されている。
- 税務通信3589号の解説です。最終報酬月額は「その退職役員の在職期間中における法人に対する功績の程度を最もよく反映しているものといえることなどから、事前確定届出給与を加味することに合理性があるとは言えない」と解説しています。参考にしているのが平成27年6月23日裁決です。
- 功績倍率3倍を抽出したのが同業他社で、同業他社の月額給与と退職金支給額を比較して3倍という数字が抽出されたのだから、対象会社についても、計算の根拠は月額報酬に限るべき。そのような理屈です。
- この場合も「1年当たり平均額法」が利用できます。同業他社が支給した退職金の額を勤続年数で除して1年当たりの退職金相当額を算出し、それに勤続年数を乗じる方法です。
- しかし、納税者に他社比較の資料が入手できるのか。課税庁側には容易なことですが、納税者側には不可能なことです。
- では、事前確定届出給与を廃止し、定期同額給与を元に戻して支給した場合に、どの程度の期間の支給実績が必要になるのか。これは5年でしょうか。
- 商法の時代は、事前確定届出給与は株主総会の利益処分案に計上していました。その支給分を定期同額の委任の対価に取り込むのですから、やはり、実績としては5年が欲しいと思います。

2022/6/16

実務に役立つクールな話題　**空き家特例を３名の相続人の全員で利用する**

テーマ　被相続人が居住していた家屋を空き家特例を利用して売却しようと思う。相続人は子３人で、３人が共有で相続して各々が3000万円の控除を受けられるようにしたい。

- 売主の各人が3000万円の特別控除を受けることができます。居住用財産を夫婦で共有している場合と同じで、各々が譲渡所得を申告し、各々が3000万円の特別控除を利用します。
- ただ、空き家特例の場合は、共有者全員の譲渡対価の合計額が１億円を超えたらダメです。売買価額が１億円を超える場合は分筆して、売却対象を１億円以内に制限する必要があります。１円でも超えてしまうとダメなので固定資産税精算金に注意が必要です。
- 建物は取り壊すので、わざわざ相続登記をしなくてもOKです。ただし、遺産分割協議書では建物も３名共有にしておく必要があります。居住用の譲渡所得の特例は建物が主人公で敷地は付属物。だから建物を相続しないとダメです。租税特別措置法35条３項も「被相続人居住用家屋及び被相続人居住用家屋の敷地等の取得をした相続人」と定めています。
- 空き家特例については区市町村の証明書が添付書類です。ネットで検索すれば「被相続人居住用家屋等確認書の発行について」という解説と申請書様式を見つけられます。この入手に手間がかかりますので、まず、この手続を先行することです。

2022/6/17

実務に役立つクールな話題　**社会保険を節約するための事前確定届出給与の利用**

テーマ　夏冬の２度について1000万円を支払う事前確定届出給与の届出をしていたが、業績が悪くなったので支給額を減じてしまった。これは救済がないですね。

- 社保逃れの賞与の支給で、役員報酬の月額は10万円。脱法処理をするのに緊張感が欠けています。賞与の支給まで税理士に管理しろと言われても無理です。
- それなりの稼ぎがあるのなら、それなりの社会保険料を負担するのは当然であって、小細工で社会保険料を節約する発想は良い経営者ではない。いや、悪い税理士が小銭の節約をアドバイスしているのか。

- そもそも経営者は、このような胡散臭い話は取り合いません。小さな節税のインパクトはわずかで、有形無形の被害の方が大きいですから。
- うちのお客さんで、社会保険料の節約がメインで事前届出給与を払っている会社が1社あります。ただ、社会保険料節約よりも、支給停止になっていた年金が支給になったことの方がメリットは大きい。
- 従業員が役員になった会社で事前確定届出給与を利用している。取締役なら兼務役員として賞与の支給が可能だが、専務などの役職がついているので使用人兼務役員になれない。しかし、従業員時代の給与体系を維持する必要があり、事前確定届出給与として賞与を支払っている。

2022/6/17

実務に役立つクールな話題　**小規模宅地の評価減の後の評価額で代償金を圧縮計算**

テーマ　**代償金の圧縮計算（相続税法基本通達11の2－10）で、相続人の全員が「相続財産を構成する各財産の相続税評価額を合意し、そのうち小規模宅地の特例の適用を受ける土地については、同特例適用後の価額によるものと」する計算を認めた裁決（令和3年12月13日裁決）がある（税務通信3707号）。**

- 圧縮計算が必要になるのは、①相続時と遺産分割時の時価が異なる場合と、②実勢価額と相続税評価額の差異がある場合の相続税負担の公平を目的にした調整計算です。その根拠になったのが前橋地裁平成4年4月28日判決です。
- 前橋地裁の事案は次の通り。Aは、遺産分割により、他の相続人から代償金として4億250万円の支払いを受けることにした。ところが、Aの法定相続割合は27分の1であるにもかかわらず、更正処分によりAが負担することになったのは、相続税の総額1億4135

万円のうちの1億1775万円。これは相続税総額の83％に相当する。このような結果になったのは、不動産の相続税評価額と実勢価格に開きがあり、他の相続人が取得した主な資産は土地であるのに、Aが取得したのは代償金4億250万円だったためだ。裁判所は、この事案について代償金の圧縮計算を認めた。

● そうだとすれば、圧縮計算で認められるのは相続税評価額と時価との割合であって、小規模宅地の評価減の後の評価額との圧縮計算を認めた裁決は異例です。

● ただ、裁決は、相続人が子2名の事案ですから、どのような圧縮計算をしても総額としての相続税の納税額は同じ。つまり、両者の負担する相続税額を均等にするという遺産分割協議書と同じです。

● そこに配偶者が登場すると、配偶者軽減の適用額などの節税額が生じてしまう。裁決も、「その計算方法が配偶者に対する相続税額の軽減制度……を利用するなどして相続税の負担を不当に減少することを目的としたなどの事情がない限り……合理的と認められる方法によるものというべきである」と判断しています。

2022/6/17

実務に役立つクールな話題　**母親に終身年金を支払うという遺産分割の方法**

テーマ　「父の遺産分割にあたり、母の存命中は、長男は代償金として毎年100万円を母親に支払う」。このような代償分割はあり得るか。

● 契約自由なのでOKです。代償金である終身年金の計算方法は相続税法24条1項3号ハで定めています。厚生労働省が作成した生命表を勘案して計算した平均余命を基礎に「契約に基づき給付を受けるべき金額の1年当たりの平均額に、当該契約に係る予定利率による複利年金現価率を乗じて得た金額」です。

● 母親が平均余命より早く死亡しても、それ以上に長生きしても修正はない。相続税の「申告時点」で正しい申告がその後の事情で変更されることはありません。ただし、相続税の申告期限までに死亡した場合は、その時点での打ちきり計算です（同条2項)。

● 母親が平均寿命より早く亡くなっても、債務の消滅益を認識することはない。私法上は、死亡によって消滅する債務なので、それが消滅しても贈与を認識しないのは、配偶者居住権を設定した場合の配偶者の死亡の場合と同じです。

- 終身年金や配偶者居住権を算定する理論はありません。だからこそ、法律で定める以外にない。つまり、財産評価通達ではなく、相続税法の財産評価の部です。
- その辺りの課税関係を知っても節税には使えないですね。母親が平均余命まで生きるのか、それ以前に亡くなるのかは予測不能です。いや、終身年金の合意をするが、それを支払わないというより、支払う必要がない。つまり、同居の生活を続けるのなら、終身年金を代償金にする方法は、配偶者居住権を利用する方法と同様に有効な節税手法になります。

2022/6/18

2022年６月19日～６月25日

実務に役立つクール な話題　**給与の支払を受ける者が常時10人以上の場合と納期の特例**

テーマ　飲食店（焼肉店）で、忙しい日とそうでない日があるのでアルバイトを10人以上確保しています。もちろんアルバイト全員が一日に稼働する日はありません。この場合でも源泉所得税の納期特例から外れてしまうのか。

● １日に何人稼働するかではなく、１か月に何人に給与を支払うかですね。

● 税務通信3489号ですが、「源泉所得税の納期特例　承認取消しでも不納付加算税は課されず」という解説があります。取消しが行われた月の翌月10日までの納付で OK とするという解説です。

● 青色申告の承認の取消しについては、「当該各号に掲げる年までさかのぼって、その承認を取り消すことができる」とあるが（所得税法150条１項）、納期の特例については「その承認を取り消すことができる」であって、「さかのぼって」の一言がない（所得税法217条３項）ので遡及してのペナルティはありません。

● 従業員が50人規模の会社から新しく依頼を受けたときに、納期特例のままだったので、要件に該当しなくなったことの届出書を提出したことがありますが、思い返すと青臭い処理をしたと恥ずかしくなります。

● 私の関与先にも従業員は70人で、源泉所得税の納期の特例のところがあります。「毎月に納付」をと提案しているのですが移行してもらえません。従業員が10人以上になっても、ちゃんと納付していれば実務上は何も言われないものなのですね。

2022/6/20

実務に役立つクール な話題　**結婚に至らなかった父親から一括して支払われる養育費**

テーマ　娘が未婚のまま出産した。結婚に至らなかったので相手方に認知と養育費を請求する。分割払いでは実行可能性が薄いので1000万円の一括払いを求める。担当の弁護士からは、一括払いされた養育費を預金すると贈与税が課税され、それを避けるのには金銭信託を利用する必要があるとアドバイスされている。

- 贈与税は課税されません。相続税法基本通達21の３－５の逐条解説は次のように論じています。「なお、離婚又は認知があったような場合においては、その離婚又は認知に関して子の親権者又は監護者とならなかった父又は母から生活費又は教育費に充てるためのものとして子が一括して取得した金銭等については、その額がその子の年齢その他一切の事情を考慮して相当と認められる限り、通常必要と認められるものとして取り扱われる」。
- 相当と認められる額についての具体的な金額基準はありません。しかし、離婚の慰謝料と同じで、養育料として支払われた金額が、多額に過ぎるという理由で贈与と認定されることはあり得ません。
- 配偶者が離婚の慰謝料として受け取れば課税できませんし、婚姻に至らなかった場合は婚約不履行の慰謝料になります。子が受け取った場合でも父親としての義務不履行と考えれば慰謝料です。
- もし、贈与税が課税されるとしたら、賃貸物件を贈与し、その果実である賃料を養育費に充てるような場合です（相続税法基本通達21の３－７）。18歳までの養育費に消費されてしまう金銭に贈与税を課税したら子は高校にも進学できません。
- 通達は、一般的な事例を想定し、租税回避に利用されないために手堅く宣言します。普通の親子の場合に養育費1000万円を前払いしたら贈与税を課税するのは当然。その当然を宣言したのであって、普通ではない場面に適用される通達ではありません。

2022/6/21

実務に役立つクールな話題　**相続税対策のための相続放棄**

テーマ　長男が亡くなったが、長男には妻も子もない。相続人は両親になるが、それなりの財産を持つ両親なので、相続を放棄し、長男の財産は次男に相続させたい。これは租税回避にはならないのか。

- 相続税対策の相続放棄も有効です。相続放棄に限らず、節税のための遺言書の作成、節税のための養子縁組、節税のための婚姻も有効です。全て課税の前提になる事実が変わってしまうのだからOKです。

- 講演会の漫談として次のような例を語ります。98歳の爺様が危篤状態だが、婆様は先に死亡し、このまま死なれたら相続税が大変。そこで18歳の後妻を迎えて、配偶者軽減と小規模宅地特例を利用する。それも OK です。そして18歳の後妻は、その後、孫の新妻になる。しかし、それはダメなんですね。
- 民法735条が直系姻族間の婚姻を禁止しています。「直系姻族の間では、婚姻をすることができない。第728条又は第817条の 9 の規定により姻族関係が終了した後も、同様とする」。

2022/6/24

2022年６月26日〜７月２日

実務に役立つクール な話題 **社長への貸付金を解消したい**

テーマ　税務調査で計上されることになった5000万円の社長貸付金。なんとか解消したいと社長が希望している。

- ①役員報酬を増やして返済、②賞与覚悟で損益計算書で全額を落として別表で社外流失で加算、③社長の自宅を会社に売却して社宅にする。④保険に加入して貸付金を保険積立金に変更するという手法も提案されている。
- 社長に対する貸付金が計上されていても実害はないし、社長が死亡したときは相続税の節税になってしまう。その時点で死亡退職金で処理しても良いわけです。
- 会社の貸借対照表の見栄え対策なら、税務調査後に会計上の受入処理を行わなければ良かった。仮に、税務調査で売上の計上漏れが否認されたのなら別表４に売上を加算し、別表５に役員貸付金が計上されることになり、そのままなら貸借対照表には役員貸付金は登場しません。
- いまから税務調査段階の処理を元に戻してしまったらいかがですか。社長貸付金を損金処理（評価損）してしまいます。別表４で評価損を否認して、別表５に社長貸付金を計上する。役員貸付金についての利息計上が必要ですが、それは損益計算書に計上すれば税務署は文句を言いません。
- 粉飾と指摘されて、担当した税理士として責任を取らされるのは嫌ですが、役員貸付金と利益剰余金の過少計上なら粉飾とは言わないですね。

2022/6/27

実務に役立つクール な話題 **会社を譲渡する交渉の途中で売主に相続が開始した場合**

テーマ　社長が癌宣告された。後継者がいないのでＭ＆Ａで会社を譲渡したい。従業員は30名で、純資産は３億円。希望するＭ＆Ａ価額は３億円。社長が死去する前にＭ＆Ａの合意が成立すれば相続財産は譲渡対価だが、その前に死亡した場合も相続税の課税は譲渡対価になってしまうのか。

● 財産評価基本通達６項が適用された令和２年７月８日裁決があります。Ｍ＆Ａの基本合意ができた段階で薬局を経営する会社のオーナーに相続開始。相続開始前における株式の譲渡の交渉で譲渡価格は63億408万円（１株当たり10万5068円）と予定されていた。そして、相続開始後の株式の譲渡については、譲渡価格は基本合意価格と同じく63億408万円（１株当たり10万5068円）と定められた。

● これは財産評価基本通達に定める取引相場のない株式の評価に従わなかったという意味では６項の適用事例ですが、どちらかといえば「国税庁資産税課税情報第１号（平成３年１月11日）」の適用事例です。

● 売買契約中の土地等と建物についての相続税の課税は次によると宣言した国税の資料です（『Q&A 税理士のための資産税の税務判断実務マニュアル』笹岡宏保著・清文社　183頁から184頁）。

イ　売主に相続が開始した場合には、相続又は遺贈により取得した財産は、当該売買契約に基づく相続開始時における残代金請求権とする。

ロ　買主に相続が開始した場合には、相続又は遺贈により取得した財産は、当該売買契約に係る土地等又は建物等の引渡請求権等とし、当該被相続人から承継した債務は相続開始時における残代金支払債務とする。

● なるほど。ただ、この通達が適用されるのが、①売買契約が成立し、その履行前に限るのか、②裁決事例のように基本合意書が成立した場合も含むのか。それは結果で判断でしょう。基本合意通りの内容で契約が実行されたら結果として入金した売買代金が相続財産になります。

● この場合に譲渡所得に課税される所得税等は債務控除の対象なのか。譲渡所得の計上時期は選択できるので次になると解説されています。

	被相続人を売主とした場合	相続人を売主とした場合
譲渡所得	準確定申告	相続税の取得費加算

	地方税の課税がない	
相続税	税金相当の債務控除	

2022/6/28

実務に役立つクールな話題 **資産を超えた債務を引き受ける遺産分割と贈与税**

テーマ　借入金が多額の遺産分割において、取得する純資産（時価）がマイナス１億円になる相続人Ａと、プラス２億円になる相続人Ｂがいます。この場合にＡからＢへの贈与税の課税を心配しますか。

● 遺産分割では資産（借方）の配分は自由ですが、債務（貸方）の配分は法定相続分に従います。ただし、遺産分割協議で負担割合を変えることも可能。それは代償分割なのでしょう。つまり、借方資産100を受け取って、貸方債務200を引き受ける代償分割は贈与です。

● しかし、民法上の遺産分割において、資産の評価を相続税評価に従う必要はなく、不動産鑑定評価書の時価に従う必要もありません。相続人の主観的な評価で協議することが許されます。つまり、親父の形見の骨董品は絶対に欲しい。そのような主観的な評価です。だから、主観的に300と評価して、200の債務を引き受けても贈与税を課税しないと思います。

● しかし、資産を取得せず、あるいは取得した資産以上の債務を負担する。そんなことはあり得ないのであって、それは贈与。実務が是認するか否かとは別として、この理屈を前提にしておくべきと思います。

● 相続税の計算では不利ですね。相続税評価でマイナスの相続人は、相続税の申告から排除されてしまう。マイナスは通算されず、相続税の課税価額の総額が増えてしまう。そこで代償金の圧縮計算（相続税法基本通達11の２－10）が登場するわけですが。

● 代償金の圧縮計算は、①相続時と分割時の時価の違いと、②相続時の路線価評価と実勢価額の違いを調整するものですが、それを超えて主観的な評価額の違いについても圧縮計算が可能か。仮に、多額の固有財産を持つ配偶者の夫の相続について、債務を全て配偶者に相続させることで、第２次相続を節税するという方法です。

● 租税回避的な行為が登場すると、また、別の理屈が登場します。その場合は贈与税の課税もあり得ると思います。

2022/6/28

実務に役立つクールな話題　**同族会社に無償で土地を賃貸し、同族会社がそれを転貸する**

テーマ　個人から同族会社に地代400万円で賃貸し、同族会社は第三者に地代800万円で転貸している。そのような収入の分配が許されるのか。

● 個人に経済合理性は要求されない。つまり、無償で賃貸してもOKです。土地や建物を同族会社に無償で貸与している事例はいくらでもあると思う。それが租税回避でない限り同族会社の行為計算否認も適用にならない。

● 実質所得者課税の原則からは、本来は土地の所有者である個人に大半の所得を帰属させるべきと思います。ただ、管理料徴収方式では管理料が高額だと否認された事例は耳にしますが、転貸方式で法人の帰属割合が高すぎるという否認事例もあるのでしょうか。

● 次のような事案があります。東京地裁平成13年１月30日判決（税務事例平成13年７月号）です。納税者（個人）が所有する建物を法人に賃貸して家賃2900万円が支払われたが、その家賃は法人の転貸料7500万円の40％に過ぎなかった。税務署長が適正額と考える管理料に引き直して計算した納税者の所得税には4200万円の差が生じた。そのような事例ですが、裁判所は、同族会社の行為計算否認規定を適用しました。

● 同様の事案では浦和地裁平成13年２月19日判決もあります。税理士から、資産管理会社として同族会社を設立し、個人所有の土地を一括して賃貸し、同族会社から第三者に転貸して収益をあげる方法について教示を受け、更に、転借人として、当時、本件土地付近に大規模なモータープール用地を物色していた会社を紹介されたという事案です。こちらは、地代1500万円に対し4900万円の転貸料です。

● 結論としては次のように位置づけるのでしょうか。土地や建物を同族法人に無償で貸与するのは、個人には経済合理性が要求されないのでOK。しかし、最終的に転貸されて賃料を得る物件だとしたら、実質所得者課税の思想に従い、賃料は所有者である個人に帰属すべき。それを同族会社の行為計算否認で実現する。

● なるほど。そのように考えれば、賃貸物件について同族会社の管理料は15%から20%に制限されるのと整合性が合います。転貸の場合も、中間に入る同族会社の取り分は15%から20%程度に制限すべきだということです。

2022/6/29

実務に役立つクール な話題　**法人成りした場合の個人時代の従業員退職金の処理**

テーマ　転籍した社員について、転籍先で退職金を支給した。退職金は、転籍元の在職期間を含めて計算しているが、そこで転籍元の会社が負担した退職金相当額は、その時点での損金なのか。

● 通常は転籍の段階で、その時点での退職金相当を転籍先法人に支払うのだ思います。グループ法人でもない限り、将来の退職時まで、退職金の損金処理を先延ばしするのは不合理です。

● 転籍元が、転籍先の企業に退職金相当額を支払ったら、それが損金に計上され、退職金相当を受け取った転籍先企業は収益に計上するのか。

● いや、転籍先企業は収益に計上せず、退職金債務（預り金）に計上します。平成13年10月17日裁決（税のしるべ平成14年11月11日）は次のように判断しています。医療法人を設立したため、個人としての事業を廃止し、新しい病院として事業を開始した。確定申告書を提出する際、請求人は従業員の退職金を必要経費と処理し、預り金として新病院に引き継いだ。そのような処理です。

● 裁決は、①預り金処理については、債務が成立しており、所得税法に規定する確定債務として、従業員各人別に金額が明確にされて、②今後の営業活動に必要な事業資産とともに新病院に引き継がれ、③法人成り後に病院を退職した職員らに対しては、法人成り後の退職支給規定に基づいて退職金が支払われており、④新病院の勤務期間に係る退職金部分のみ新病院の損金にする経理処理を行っていることから、合理性を欠くとまではいえないと判断しています。

● なるほど。組織再編税制の退職給与債務ですね。「非適格合併等に伴い当該被合併法人等から引継ぎを受けた従業者につき退職給与債務引受けをした場合」は負債調整勘定に計上する。そして、その社員が退職したときは「退職給与債務引受額に係る負債調整勘定の金額のうちこれらの退職給与引受従業者に係る部分の金額」を減額して益金に計上する。

● 税理士個人の法人成りの場合にも利用できそうですが、一般的には実行されてない。もしかして、せっかくの節税効果を放棄しているのかもしれません。

2022/6/29

実務に役立つクールな話題 **税理士の懲戒処分で目を引く４つの懲戒事例**

テーマ　税理士に対する懲戒処分が公表されました。脱税幇助、自己脱税、自己無申告と名義貸し。そのような４類型に加えて面白いのは次の４つの事案。

● 「開催されていない臨時株主総会において、決算期が５月から３月に変更されたと偽装することによって、４月及び５月に生じた収益を除外し、所得金額を圧縮した真正の事実に反する申告書を作成した」。

● これは怖いです。家族企業では株主総会など開催してませんし、決算期の変更という事務処理のためなら「開催したこと」にしてしまう事例は多いと思います。おそらく、４月、５月に大きな利益を得たので、それを除外する目的で、事業年度後にバックデートで処理をしたのだと思いますが、それでも実務では実践している例が多いように思う。税理士業務の禁止の処分は重いです。

● 「A税務署の執務室内で、自身が税務代理をしていたBの所得税等の調査を担当していた職員の顎を殴打し、全治１週間の怪我を負わせた」。さすがに、これはあり得ない。それが１年３ヶ月の税理士業務の停止なのは軽い。

- 「関与先であるＡ社の法人税の確定申告に当たり、同社の前代表者から債権放棄を受けたことにより生じた債務免除益について、同社の所得金額を圧縮するため、同社の前代表者の関与税理士とも相談し、債権放棄額を減額し、同社の債務免除益を減少させた」。身内間の処理をバックデートで修正してしまう。よくある事例と思いますが、それで税理士業務の禁止の懲戒処分は厳しい。
- 「同社が過去に粉飾決算を行った際に計上した架空の棚卸資産の金額を取り崩し、売上原価として損金の額に算入することによって、不正に所得金額を圧縮した真正の事実に反する申告書を作成した」。これも怖いですね。過去の粉飾の逆の処理をしたら、それが過少申告になってしまう。
- 暴力事件は別として、その他の税務処理案件が、更正処分の対象になるだけではなく、税理士の懲戒処分になってしまうのか。よほど金額的に大きな処理だったのか、あるいは調査の現場で税務職員と感情的な諍いになってしまったのか。弁護士会や司法書士会の懲戒処分は実感が分かる書き方をしていますが、税理士の懲戒処分は実感が読み取れません。

2022/6/30

実務に役立つクールな話題　**被相続人の口座から14億円を引き出した事例**

テーマ　被相続人の生前に預金を引き出した事案の詳細が裁決として紹介されています。請求人は「平成25年12月25日から平成28年１月13日までの間、現金自動預払機（ATM）において現金で出金された。上記期間に本件口座から出金があった回数は1902回、合計出金額は14億3002万3000円に上った」。令和３年４月22日の非公開裁決（税のしるべ電子版）です。

- 凄いですね。引き出しただけでも凄いのに、これを相続財産に加えなかった。加算税についての議論はないので重加算税は課税されなかったのか。現金14億円はどこに隠されたのか、溜まり（現金の保管）は見つけられなかったのか。
- 裁決や、判決は、そこで示された理論が実務の否認事例として役立ちますが、それ以上に興味を引くのが世の中に存在する多様な人たち。更正処分を受け、再調査請求をして、それでも納得できずに審査請求をする人たち。

● 「現金が出金されたコンビニエンスストアの店長や従業員に、調査担当職員が請求人の顔写真を提示して当該顔写真の人物について知っていることを教えてほしいと質問したのに対し、毎回のようにATMで用事を済ませた後、食料品を大量に買い、税金の支払いに係る納付書を何枚も持ってきて多額の納付をすることもあった旨などの申述があった」。まさに、テレビドラマよりも凄い現実のドラマです。

2022/6/30

実務に役立つクールな話題　**税務署と裁判所がメール対応になってくれたら**

テーマ　いま、会社に電話をしても繋がらない。昔なら外出中も電話番の社員が伝言してくれましたが、いまテレワークの時代です。固定電話の利用は激減し、固定電話を利用しているのは役所に限るのではないか。

● 依頼者からの固定電話も減っています。昔は常に事務所の電話が鳴っていたが、いま、電話が鳴ることがない。ただ名刺には固定電話の番号を入れておきたい。その方が信用度がアップします。

● 法律事務所には営業の電話か、裁判所からの電話しか入らない。これが税理士事務所なら営業か、税務署からの電話。この２つの役所がメールにしてくれたら事務所に人を在住させる必要がなくなります。

● 税務署や裁判所に一般素人からメールが入ったら大変です。それに返信しなければ苦情がくるでしょう。だから、まず、役所から代理人への通知に限ってメールを解禁して頂ければ嬉しい。

● 東京家裁では書記官から調停委員への連絡（期日の指定、書面の提出など）はメールで受け取れるようになりました。受け取ったらすみやかに返信することになっています。それを地裁事件の代理人への通知にも拡張することは可能ですね。

● 税務署の場合はどの範囲までアドレスを解放するか。代理権限証書が提出されていても、いま現在、代理権があるか否かは不明ですし、守秘義務事項が多いのでメールを送り出すのも難しい。しかし、電話なら可能なことが、なぜ、メールだと難しくなってしまうのか不思議です。

2022/7/1

実務に役立つクールな話題 **相続人の１人に認知症の気配がある場合の相続税の申告**

テーマ　母、長男、長女が相続人で母が認知症。後見人を付けないで相続登記と相続税の申告をしたいという相談があった。

● 家族が認知症という話を聞くことがある。しかし、認知症の人を家族は積極的には第三者には会わせないので、税理士が認知症の方に直接に会うことは少ない。「うちの婆ちゃん惚けちゃった」という話を聞かされても、どの程度の認知症なのかは分からない。つまり、分からないまま登記や申告を処理してしまうのが普通だと思います。

● 認知症は家族だからおかしいのが分かるのであって、他人では判別できない程度の人が多い。私も調停の場で認知症の方に会いましたが、詳しい話をしない限り上品な奥さんでした。

● 税務調査の場面で、税務職員が「お母さんは惚けてますね」とは言いません。さらに、税務調査は遺産分割から早くても６ヶ月後です。「遺産分割のときはしっかりしていたが、安心して惚けてしまった」と説明すれば、それは否定できません。

● 税務署は認知症を理由に遺産分割を無効にするほど悪意ではないです。認知症を理由に小規模宅地や配偶者の相続税額の軽減を取り消した事例など聞いたこともありません。

● 想定される認知症の高齢者や知的障害者などの対象者900万人に対して、成年後見制度は２％しか利用されてないという報道もあります。実務が便法で処理されているのは明らかです。

● 怖いのは相続人間の争い。弁護士が登場すれば税理士まで巻き込まれてしまう。だから便法の処理をするか否かは相手を見ての判断であることは他の全ての場合と同じです。弁護士が登場すればどんな理屈が持ち出されるかは予見不能です。

2022/7/1

実務に役立つクールな話題 **連帯保証人に対する債権を放棄した場合の課税関係**

テーマ　貸付先が破綻して1000万円の回収不能が生じた。連帯保証人がいたので、保証人から200万円の支払いを受け、その余の保証人に対する請求権は放棄した。これは会社の損金になるか。

● 連帯保証人からの回収が可能なのに、それを放棄したのなら貸倒損失とは認められません。法人税の処理では寄附金になります。

● そうしたら債務の免除を受けた保証人は800万円の受贈益を計上するのか。それも不合理に思える。

● 保証人が、保証債務の免除を受けても受贈益課税は行いません。①債権放棄が主たる債務者に対する債権の放棄なら、連帯保証人が保証債務を免れるのは反射的な効果であって、保証人の受贈益を認識しません。②債権放棄が、主たる債務者に対する債権を維持したまま、保証人の保証債務のみを免除する趣旨なら、債権者が有する800万円の債権は消滅していないので、債務消滅益を認識する事実は生じません。

● なるほど。800万円の債権を放棄し、主たる債務者に債務免除益が認識され、重ねて連帯保証人の債務免除益が認識されるのは不合理。連帯保証人に返済する資力があった場合でも、保証債務の免除には受贈益課税は行わない。連帯保証人は利益を受けたのでなく、損失の発生を免れたにすぎない。そのような理屈ですね。

2022/7/1

実務に役立つクールな話題 **老人ホームで亡くなった方の相続税の申告書の提出地**

テーマ　被相続人の住民票上の住所は都内ですが、亡くなる数年前から千葉県の老人ホームに入居しており、実際の生活の本拠はそちらでした。その場合の遺産分割協議書に記載する最後の住所と、相続税の申告書の提出先は千葉県なのか。

- 遺産分割協議書の最後の住所地は絶対的な記載要件ではなく、被相続人を特定するための要件なので、その意味では住民票の最後の住所を記載します。
- 介護老人ホームが住所地なのか。特養は住民票の移動を求めると聞いていますが、それは役所としての手続上の都合なのだと思います。通常の介護老人ホームの場合は住民票を移動するか否かは任意です。
- 相続税の申告書の提出先についてネットを調べれば、ほとんどは老人ホームの所在地としています。ただ、老人ホームに住民票を移動する人たちは少ないと聞いています。
- 以前には老人ホームの所在地の所轄に申告していましたが、相法49条１項の開示請求を含め、住民票の住所の方が実務上スムーズかと思い、最近は住民票の住所の所轄に申告しています。
- そもそも相続人の全員が同一の税務署に提出するのは調査の便宜のためであって、その根拠は相続税法の附則３、つまり、「申告すべき相続税に係る納税地は、第62条第１項及び第２項の規定にかかわらず、被相続人の死亡の時における住所地とする」としている。誰も住んでいない遠方の老人ホームの所在地に相続税の申告書を提出されても税務署は迷惑だと思う。
- 申告書の提出先を間違えた場合は、所轄する税務署に確定申告書を移送することになっています。他の税務署に移送した場合には移送通知書が納税者に送付されます。だから申告先を間違えても無申告にはなりません。そもそも「被相続人の死亡の時における住所地」が常に判断の余地なく明確とは限りません。
- 住民票を老人ホームに移動している場合は、あえてそれを無視するのは気になりますが、住民票が留守宅にあるのなら、調査の便宜のためにも留守宅を被相続人の最後の住所地として相続税を申告した方が、税務署にも、家族にも、税理士にも便利です。

2022/7/1

実務に役立つクールな話題　**非上場株式の純資産価額の計算における法人税額控除の趣旨**

テーマ　純資産価額を計算する場合の評価差額に対する法人税額について、貸倒引当金は帳簿価額のマイナス項目として認識すべきと思う。そうすれば債権の相続税評価額と帳簿価額に評価差額が生じる。しかし、貸倒引当金は計上しないと解説されている。貸倒引当金も帳簿価額（マイナス項目）とすることが理にかなっていると思う。

● 純資産価額を「法人企業の清算価値」と考えるならマイナスしますが、純資産価額による株価の計算は、法人全体を一つのパッケージとしては考えず、あくまで法人が所有する「個々の資産と負債」の評価なのです。

● 貸倒引当金だけでなく、資産性のない繰延資産や前払費用も無視します。これらは個人事業主の相続税の計算でも資産や負債には計上されません。

● 事業用資産を個人が所有している場合と、法人が所有している場合の整合性です。純資産価額の評価で計上すべきは、個人が所有する場合と同じ。つまり相続税が課税される資産です。それらの相続税評価額と帳簿価額を計上し、その評価差額に対して法人税額を計算する。通常は負債の相続税評価額と帳簿価額は等しいので、資産の相続税評価額と資産の帳簿価額の差が評価差額になります。

● 法人が所有する資産を個人に引き渡すとしたら、資産を売却し、債務を弁済し、法人税を納税する必要があります。それが法人税額控除の趣旨ですね。

● いや、違います。財産評価基本通達186－2は「課税時期における相続税評価額による総資産価額の計算の基とした各資産の帳簿価額」と定め、相続税評価する資産について帳簿価額を計上するのであって、相続税評価額を計上しない前払費用のような資産は帳簿価額も計上しません。

● なるほど。前払費用を損金計上して清算所得を計算し、それに課される法人税額を控除する趣旨ではない。もし、清算所得を計上するのなら青色欠損金の有無なども考慮の対象になる。ここは単純に、所有する資産の相続税評価額と帳簿価額を対比して、含み益があれば、それに法人税率を乗じて法人税額として控除するのが趣旨なのですね。

2022/7/2

2022年７月４日～７月６日

実務に役立つクールな話題　**歯科診療所の法人化**

テーマ　歯科医師から「娘が歯科医師国家試験に合格したので、歯科診療所を法人化しようと思っている」と相談を受けたが、出資持ち分を有りにすべきか、無しが良いのか。

● 出資持ち分有りは、いまは設立できません。なぜ、設立できないのか。医療法人は営利目的の設立が禁止されている。営利行為はカネ儲けではなく、配当です。出資があると、退社という手段で利益の配当ができてしまいます。

● 出資持分がなくても支障はありません。①退職金で内部留保を払い戻しても良いし、②出資持ち分が無いことを相続税の節税に利用しても良いです。

● 医療法人設立目的の半分ぐらいは、法人税率の適用のためというより、事業承継の円滑化のためだと思います。ただ、従業員の社会保険加入が必須になることが最大のデメリットかもしれません。

● 利益が増えると法人化の相談を受けることになります。ただ、節税メリットはほとんど感じないです。最近はスタッフ確保のために当初から社会保険に加入している個人事業者も増えてきて、どうせなら法人化して、さらにスタッフを集めるというところもあります。

● 昔は、法人化の目的は、常に節税でした。医療法人に限らず、八百屋でも、魚屋でも。所得税と法人税の税率差と給与所得控除です。しかし、いま、法人化が有利とは限りません。①給与所得控除は頭打ち、②社会保険に加入したら、事業主の場合は本人の会社負担まで生じてしまう。③社会保険診療収入について、事業税はそもそも非課税です。

● 医療法人化するのは、①規模が大きすぎて医療法人化が必要、②跡取りがいない、③医療法人を名乗れる社会的な見栄え、④開設者が死亡した時にも各種の許認可の隙間が生じない。その中では④が一番に大きな意味だと想像しています。

2022/7/4

実務に役立つクールな話題　**受益者連続信託と遺留分の行使**

テーマ　受益者連続信託で取得する受益権は、第二次相続以降は遺留分侵害額請求の対象とはならないという考えは正しいですか。

A（委託者）→ B（第一受益者）→ C（第二受益者）
第一次相続　第二次相続

● 正しいです。第一次相続も、第二次相続も、委託者Aの意思決定の結果です。Bには処分権限がありません。だから第二次相続に遺留分は生じません。

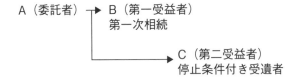

A（委託者）→ B（第一受益者）
第一次相続
→ C（第二受益者）
停止条件付き受遺者

● 受益者連続信託について遺留分を侵害するので無効と判断した判決があります（東京地裁平成30年9月12日判決）。この判決は第二次相続について遺留分の侵害額の請求が可能と論じています。

● いや、違います。この判決における信託は、次男を受託者として全ての財産を信託財産にして、次男を含む3名の相続人には受益権を取得させる信託です。つまり、長男が遺留分を行使しても、受益権が増えるだけで、相続財産に対する処分権限は手に入りません。そのような形で遺留分制度の潜脱を図った信託です。受益者連続信託を利用しましたが、公序良俗に反して無効としました。この判決で、議論されているのは第一次相続の遺留分です。

● 第一次相続時も第二次相続時も、受益権が被相続人の相続財産になって、遺留分侵害額請求の対象となると思っていたが、この認識が違っているのでしょうか。

● はい、間違いです。第二次相続についての受益権の移動は、第一次相続における被相続人Aの意思決定の結果です。Bの処分権限は存在しません。そもそもBが手に入れたのは生存中の所有権限に限ります。つまりは、配偶者居住権と同じです。税法上は「受益者＝

所有者」なので第一次受益者から第二次受益者への移動は「遺贈」ですが、それは税法が「受益者＝所有者」と擬制する独自の課税の理屈によるものです。

2022/7/4

実務に役立つクールな話題 **収益受益権と元本受益権に分離する信託の設定**

テーマ　収益マンションを買い、収益と元本に分離する信託を設定し、ゼロ評価に近い元本を相続時精算課税で子に贈与する。これが流行していると司法書士に聞いた。

- 実行は困難です。『一般社団法人 一般財団法人 信託の活用と課税関係』（ぎょうせい）では次のように説明しました。「賃貸物件であれば、家賃の収受権と建物自体の所有権、つまり、処分権限を別の受益者に帰属させることが可能です。ただ、その場合に、税務上の処理について難しい問題を生じさせることを理解しておく必要があります。資産評価の問題と所得申告の問題です。家賃を取得する者と、不動産の所有権の受益者が別人になった場合には、どちらに減価償却費を計上するのかなどの問題が生じてしまうからです」。
- 減価償却費は、収益の計上でマイナスし、譲渡所得の計算で取得価額からマイナスすることは計算上は可能です。
- マンションの譲渡所得を計算するためなら元本受益者のマイナス項目ですが、不動産所得を計算するのなら収益受益者のマイナス項目。どちらの受益者が計上した受益権からマイナスするのか理屈が成立しません。
- 収益受益者の所得税の計算のために減価償却費を計上することと、元本受益権の帳簿価額が減額になることは矛盾しないと思う。
- なるほど。では、マンションの修繕費はいかがですか。費用で落ちる修繕費は収益受益者が負担し、資本的な支出になる部分は元本受益者が負担する。そのような切り分けですか。しかし、元本受益者が負担したとしても、それによって好転する家賃収入は収益受益者が取得してしまいます。
- 信託は、民法上の当事者の関係では自由に構築できますが、税法が登場すると限界が生じます。そもそも信託は税法の問題であって、信託法から信託を理解するのには限界があります。

2022/7/5

実務に役立つクールな話題　**貸室が空家の場合の貸家建付地と小規模宅地の評価減**

テーマ　税務通信（令和４年７月４日）に「貸家建付地と小規模宅地特例の一時的に賃貸されていなかったと認められる部分の考え方は、基本的に同様になる」と解説されている。

● それは違います。貸家建付地は借家法に基づく負担を評価額から減じるのが趣旨ですから、現実に借家人が居住しているのが基本で、空家の場合は認められません。ただし、一棟の建物（アパート）の一室が空室の場合は「空室期間が課税時期の前後の１ヶ月程度であったかなどの事実を総合考慮して判断する」と国税庁の質疑応答事例は解説しています（貸家建付地等の評価における一時的な空室の範囲)。

● 小規模宅地に該当するか否かは事業の用に供しているかどうかが判定基準です。つまり、貸家業を経営し、借家人の募集をしている限りは、１ヶ月の空室に限らず、10ヶ月の空室でも貸付事業用地です。

● 東京地裁平成13年１月31日判決が参考になります。藤山雅行裁判官の判決なので微妙に眉唾ですが、「和解による明渡猶予期間中の建物の使用関係」について、①明け渡し日時は確定していたのだから借地借家法に基づく使用権限を前提にする貸家建付地評価減は認められないが、②賃貸借契約の終了が確認された和解の後においても貸室事業は終了していないのだから小規模宅地の評価減は認められると判断しました。

● 貸家建付地の評価減と小規模宅地の評価減は制度の趣旨が異なります。だから戸建ての場合は一時的な空室でも貸家建付地は認められませんが、借家人を募集している限りは貸付事業用宅地です。

2022/7/5

実務に役立つクールな話題 **会計法人を設置する場合に守るべき条件**

テーマ　会計法人の在籍者は、税理士業務の補助をしてはならない。同じフロアで税理士の管理監督下であってもダメ。会計法人の在籍者が税理士業務補助を行うと税理士法違反になる。平成29年頃から厳しくチェックされるようになった。国税局の税理士監理官から聞きました。

● 会計法人と税理士事務所の両方から給与をもらっていれば兼務可能です。そうだとしたら脱法可能なザル法になってしまう。税理士事務所の給与を増額すると、厚生年金の受給額に響いてしまうと伝えたところ、給与額の多寡までは問題にしないという説明だった。

● 会計法人と税理士事務所は分離するのか、あるいは併合（職員の兼務）するのか。日税連の業務対策部の「税理士事務所等の内部規律及び内部管理体制に関する指針」の要旨は次の内容です。

① 会計法人の代表には半数を超える出資割合の税理士が就任する。

② 会計法人の所在地は税理士事務所と同一の場所にする。

③ 会計業務は税理士業務と共に一括して契約し、会計法人へ委託する方式を採用する。

④ 会計法人の業務は会計業務に限り、税理士業務は税理士と顧問先との契約と明確にする。

⑤ 会計法人の従業員が税理士の業務を兼務している場合は、従業員等の従事する事務作業等が税理士の業務であるか、会計法人の業務であるかを明確にし、会計法人の業務として従業員等が税理士業務の事務作業に従事することのないようにする。

● 会計法人を無制限に許せば税理士の名義貸しになってしまう。だから税理士事務所内において、税理士が監督する形が必要。名義貸しの禁止だから、会計法人と税理士法人の職員を切り分けるのではなく、同じ職員の兼務を認める。つまり、分離ではなく、併合です。職員を切り分けずに⑤の要請を満たすことは不可能ですが、税理士業務処理簿という制度を守る必要があるので、そこでは業務の切り分けを要求するのだと思う。

● 名義貸しの防止なのだから会計法人が税理士の監督下を離れて一

人歩きを始めなければ良い。職員が兼務するのも自由だからデータも共有される。逆に、共有されることで会計法人の一人歩きを防止する。

2022/7/6

実務に役立つクールな話題 **職員が採用できない**

テーマ　税理士から職員が採用できないという悩みを聞きます。汚い仕事ではないし、厳しい仕事でもない。なぜ、応募者が少ないのか。大都市現象なのか、地方都市では求人できるのか。

● ハーバード大学と野村総研のレポートが悪影響をもたらしたように思う。AIで消滅する職業といわれてしまった。AIで消滅するのは経理職員であって既に事務職は激減しています。しかし、それと税理士業は異なります。

● 税理士業界は、税理士試験の受験生を安く雇うことで人材を補ってきた。消える職業と言われてしまったためか、稼げる資格と見られていないのか、いずれにしても若者の資格取得の意欲をそそらない状況では採用難が続くと思います。

● 税理士事務所への勤務は資格を取得するまでの丁稚奉公だった。だから給料が安いし、雇い主も安い給料に慣らされてしまった。付加価値を上げる努力を怠ってきた。終身雇用を提供できないし、事務所の見栄えも地味。それが税理士のイメージを作り出している。要するにビジネスモデルが戦後の昭和の時代に止まっている。

● 卵の値段と税理士報酬は物価の優等生。オフコン、パソコン、会計ソフトで為しえてきた実績ですが、まさにデフレの日本と同じ経済になってしまっている。正々堂々と知識で戦える業界に育ててこなかったのは業界全体の怠慢でもあると思います。

● 私は、テレワーク、1日6時間勤務、コアタイムなしフレックス勤務などの雇用にしました。職員を拘束できないので効率が落ちますが、良い人が採用できれば帳尻は合います。勤めてくれるのは子育てママ、副業持ち、テレワーク前提の若者。みなさん真面目でとても助かっています。

● ほぼ一人税理士ですね。職員の数ではなくて関与先の数とボリュームです。一人税理士は職員を雇っていない税理士で、ほぼ一人税理士は１人で見きれる範囲での税理士。担当者を雇おうとするところからが分水嶺なのだと思います。税理士（経営者）が全てを見きれない部分が出てくるのをどうするか。ここで採用問題が難化する。仕事のできる人材を雇うか、資格者を雇うか。

● ほぼ一人を卒業するのは、担当者を会社に派遣できる状態で、税務調査に職員を立ち会わせる状態です。それ以前の雇用問題は少数であるが故の悩みで、それ以降の悩みは仕事ができる人材か否かの悩み。昔は税理士試験の合格を諦めたベテラン男子社員が担当していた業務です。

● 自分一代と割り切って昭和の時代の税理士事務所を経営するか、働き方改革に合わせて勤務の状況を変えていくか、大企業の勤務条件を見習って可能な限り大規模化や共同経営化を目指すか。大都会と地方都市は異なりますが、いま、その選択の時期なのだと思います。

2022/7/6

実務に役立つクールな話題　**電子帳簿保存法とインボイス制度の関係**

テーマ　電子帳簿保存法とインボイス制度が同時並行的に進行している。インボイスは紙で受け取るのか、それでは電子帳簿保存法の要件は満たさないのか。

● インボイスは紙で受け取ってもOKです。電子帳簿保存法でも請求書などを従前と同様に紙で受け取ることを認めています。紙での授受を禁止したら中小企業の帳簿システムは機能不全に陥ります。

● ただ、電磁的記録で受け取った場合は、電子帳簿保存法とインボイス制度では違いが生じます。電子帳簿保存法では、そのまま電磁的記録として保存し、紙にプリントして保存することを認めません。しかし、インボイス制度では紙にプリントして保存することを認めます（消費税法施行規則15条の５）。

● 電子帳簿保存法にはペナルティがありませんが、消費税法には仕入税額控除を認めないというペナルティがついてきます。書類の保存方法の間違いで仕入税額控除を否定することはできません。

- 建前としては電子帳簿保存法にも青色承認の取り消しというペナルティはありますが、一問一答【電子取引関係】問57で、取引が正しく記帳されて、電子データ以外から確認できる場合は青色申告の承認が取り消されることはないと解説しています。
- 電磁的記録による適格請求書としてはメール添付のPDF、メール添付のエクセル、メール本文でも良い。それでインボイスの要件も満たします。ヨーロッパで利用されていた定型書式で印刷されたインボイスのイメージは日本では要求されません。
- 電子帳簿保存法は３つに分かれます。①会計帳簿などを電磁的記録で保存する、②電磁的記録で受け取ったデータを電磁的記録のまま保存する。③紙で受け取ってスキャナ等で読み込み電磁的記録で保存する。
- 電子帳簿保存法では電磁的記録を受け取った場合に、これを紙に打ち出して保存することは認めません。だから大企業でもPDF添付を中止し、紙の請求書を発行するように取引先に要求しています。電磁的記録のまま保存し、それを検索するシステムの構築は容易ではありません。ただし、消費税法では電磁的記録を受け取った場合に紙にプリントすることを認める。それは前述した通りです。

2022/7/6

2022年 7 月10日～ 7 月16日

実務に役立つクールな話題　**物納と延納の利用者は少ない**

テーマ　**物納や延納も相続税の申告の知識ですが、実行することになると要件を満たすのか否かが不安。実行する事例は少なく経験事例を持っている税理士も少ない。しかし、これを失念すれば税理士損害賠償請求事件になる。**

● 国税庁によると令和３年度相続税の物納申請件数は63件。延納申請は1095件。このような例外的な事象のために物納や延納の可能性を検討するのも無駄なことです。

● 上場株式が第１順位の物納財産になったのでアドバイスが必要です。相続税の申告納付を受任した税理士法人に対し、株式の物納に関する助言指導義務違反があるとして6974万円の債務不履行責任が請求され、2408万円の損害を認めた判決（名古屋地裁平成28年２月26日判決）があります。

● 物納、延納、40条申請、事業承継税制。この辺りは現実的には利用しない特例ですが、これらを理解するために税理士が費やすエネルギーは無駄とも思えます。知識は知識として、現実的な利用例は少ない。普通の税理士が、これらを利用することは皆無でしょう。

● これらの適用事例に遭遇したら、資産税を専門とする事務所と共同で業務を引き受けるのがリスク回避です。条文だけではなく経験事例が必要な処理ですし、これからの人生で二度と経験することがない処理を学んでも意味はありません。

2022/7/12

実務に役立つクールな話題　**暦年贈与と相続時精算課税の利用者**

テーマ　**暦年課税で贈与税を申告した人は2021年に48万8000人と2007年から７割近く増えた半面、相続時精算課税制度の人数は2021年に４万4000人と、ピーク時の2007年から約５割減った。そのような数字を見かけた。**

● 暦年贈与が廃止されるという報道をみて、暦年贈与を有利だと気が付いた人たちが駆け込みの気分で実行したのだと思う。新聞の解説記事を見た納税者から相談を受けた税理士も多い。

- 手元に潤沢な現金がある高齢者なら暦年贈与は意味があります。相続人ではない孫やひ孫に贈与すれば110万円までは非課税です。310万円を贈与しても上積みの贈与税率は10%です。
- 死亡時期を悟ったら6人の孫と、18人のひ孫を集めて暦年贈与を実行してしまう。ひ孫が学生なら教育資金贈与も使えます。孫とひ孫の数が多い幸せなお祖父さん、お祖母さんなら、3年ほど前から計画的に実行すれば1億円程度の相続財産を減じるのは容易です。必要なことは現実に現金を孫等に渡しておくことで、名義預金と言われないようにすること。
- 相続時精算課税制度の利用者は減っている。低金利の時代に現金を贈与しても意味はなく、小規模宅地特例が使えなくなるので土地の贈与にも意味はない。同族会社株式の贈与に使えるとしても、その後に株価が下落したら逆効果になってしまう。ただ、事業承継(納税猶予制度)と合わせてリスク回避の為に相続時精算課税を利用する方もいると思います。

2022/7/12

実務に役立つクールな話題　**一般消費者を顧客にする場合と適格請求書発行業者の登録**

テーマ　歯科医や学習塾経営のような一般消費者を顧客にする事業者は適格請求書発行事業者の登録をする必要があるのか。仕入税額控除を受ける顧客は、ほとんど想定されない。

- 請求書に消費税を on するのなら適格請求書発行事業者の登録をすべきと思う。
- いや、インボイス番号をとっていなくても課税事業者なので、消費税を on した請求書を発行することは可能です。「インボイス番号＝課税事業者」という風潮になったら登録をすれば良いと思います。
- 課税事業者であることが逃れられないのなら、インボイス番号を取得して、請求書にインボイス番号を記載した方が消費税を on するのに権威付けができます。その辺りの営業政策上の判断でしょうか。

2022/7/13

実務に役立つクールな話題　**中古資産に資本的支出をした場合の耐用年数**

テーマ　木造建物について中古資産の耐用年数10年で減価償却を行っている。法定耐用年数は22年だが、この建物に資本的支出を行った場合の資本的支出に係る耐用年数は10年か、それとも22年か。

- 税務通信3101号の「ショウ・ウィンドウ」に次の解説があります。「見積法や簡便法による耐用年数を適用している中古資産に対して、資本的支出を行い、新規取得資産として減価償却していくとしても、耐用年数については、その資産本体と同じ耐用年数を適用するわけだ」。この解説だと10年です。
- 中古資産の耐用年数として10年を採用し、既に、４年が経過し、残存耐用年数は６年。それに資本的な支出をしたら、本体が６年で償却済みなのに、資本的支出部分は10年。それも不合理ですが、おそらく、資本的な支出で耐用年数も延びる。そのように考えるのでしょう。しかし、延びたところで中古資産の10年を超えない。
- 中古資産の取得の場合は、その時点での資本的支出は簿価に一体化しますが、使用継続中の資産についての資本的支出は簿価に一体化しない。その代わりに資本的支出部分には中古資産の取得時の耐用年数を適用する。そういうことですね。
- 例外もあります。使用継続中の中古資産についての資本的支出金額が、その資産の再取得価額の50％を超えるときは、簿価に一体化した上で、法定耐用年数が適用されます（耐用年数の適用等に関する取扱通達１－５－３）。新たに資産を購入したとみなすのです。

2022/7/13

実務に役立つクールな話題　**競売手続で取得した収益物件と仕入税額控除**

テーマ　課税事業者が競売手続でテナント物件を取得した場合には仕入税額控除は可能と考えてよいのか。

- 仕入税額控除が可能という前提で消費税法施行令70条の12第５項が設けられています。「公売等により執行機関を介して課税資産の譲渡等を行う事業者が適格請求書発行事業者である場合には、公売等の執行機関はその事業者に代わって適格請求書等を交付することができることとする」。

● そもそも競売や公売は、裁判所や国が売主になるのではなく、それらは仲介業者であって、売主は競売が実行された所有者です。だから所有者が課税事業者であれば課税売上になります。仕入税額控除にインボイスが必要になったので、「公売等の執行機関はその事業者（所有者）に代わって適格請求書等を交付することができる」としたのが改正の趣旨です。

2022/7/14

実務に役立つクールな話題 **法人が行う海外中古住宅への投資と減価償却の制限**

テーマ　法人で米国の不動産を購入しました。木造で20年以上経過しているので４年で償却する予定。個人には減価償却の損益通算の規制（措法41の４の３）があるが、法人の場合は見積耐用年数での減価償却が認められるのか。

● 法人については改正されていません。見積耐用年数が利用できます。個人の場合は減価償却費を計上し、５年経過後に譲渡所得を計上して税率差を利用した節税が可能ですが、法人については、どの事業年度で損金を計上するかの期間損益計算の問題なので規制していません。

● 組合を利用した節税防止税制と同じです。民法上の組合契約について、不動産所得の損失が生じた場合は、その損失は生じなかったものとみなされます（措法41の４の２）。しかし、法人の場合は、損金算入が禁止されるのは、①組合債務の責任の限度が実質的に組合財産の価額とされている場合の出資額を超える部分と、②組合事業が実質的に欠損にならないことが明らかな場合の損失額に限ります（措法67の12）。

2022/7/14

実務に役立つクールな話題 **コンサルタントという人たちの働き方**

テーマ　コンサルタント会社の給与額の紹介があった。1400万円、1870万円、1500万円。人材募集としては公認会計士、テクノロジスト、

税理士、弁護士、アナリスト、ストーリーテラー。こういう会社は何をやって稼いでいるのか。

- 社長が「会社の業務改革を実行する」と叫んでも、どこから手をつけてよいか分からない。そんなときにコンサルティングに頼んで分析して貰った。社内の説得のためには外部コンサルティングを使った方が便利です。いろんな部署から反対がでたとしても、さらりとかわして納得させる。不思議なプレゼン能力をもっていました。
- 関与先に登場したコンサルタント２名。有名企業の元管理職クラスで、一定の成功体験を持つ人でした。２年間の成果物として立派なパワーポイントの資料が出てきました。そこらの税理士や会計士では書けません。しかし、その工場はコンサルの効果が全くなく最終的には更地にして売却されました。
- 私の事務所でコンサルタントを依頼して収入の増額方法を相談したら答えを出してくれるのか。いや、違うのですね。①社内の説得のために必要な第三者の意見、②何かを実行するに際して誰にも責任をとらせないための第三者の意見。③労務コンサルタントのリストラのための意見書。
- 学校法人が依頼したコンサルタント会社のキャリア研修で、講師から「あなたのように腐ったミカンを置いておくわけにはいかない」などと何度も言われて、研修後に法人の理事長らから退職を求められた。そのようなニュースがありましたが、始めから予定したリストラのためのキャリア研修でしょう。
- 問題（病気）がある場合に頼むのがコンサルタントであって、健康（儲けを増やす）のために依頼する存在ではない。病気があれば、誰でも医者に通うように、なにか、よい治療法はないかと探す。コンサルタントも病状が分かっているので分析しやすい。病状がない会社を前提にコンサルタントの価値を議論しても意味が見つけられません。

実務に役立つクールな話題 **取引先から５％程度の出資の申し入れがあった**

テーマ　取引量が多い得意先から５％ほど出資をしたいという申し入れがあった。これは何を狙っているのか。

● 取引関係の安定か、いずれはＭ＆Ａを狙っているのか、良い会社とは資本関係を持とうということか。おそらく、当社の決算書が欲しいのだと思います。

● 出資の解消時の払戻金が時価純資産といわれたら大変です。せめて出資割合を３％にとどめ、しかも株式の相互持合を提案します。

● 私なら断ります。株式を持たせることは、取引先を自宅の居間に住まわせるのと同じ。債権債務関係とは次元の異なる親密度です。株式を持たせてしまったら、その影響は永遠です。株主総会も正式に開催する必要が生じてしまうのも面倒なことです。社長の経営責任などということも言い出します。

2022/7/15

実務に役立つクールな話題 **出張旅費や宿泊費を実費精算する場合とインボイス**

テーマ　従業員に出張旅費や宿泊費を支給する。その場合はインボイスがなくても通常必要な範囲であれば課税仕入れに該当する（消費税法基本通達11－２－１）。これは従業員に実費精算する場合も同様なのか。

● 「その使用人等又はその退職者等に支給する出張旅費、宿泊費、日当等のうち」ですから、実費精算なら交通費の３万円基準を超えれば領収書が必要です。

● いや、違います。それを税務通信3699号の「今週のＦＡＱ」が解説しています。「従業員から提出される領収書の中に適格請求書発行事業者“以外”の者から交付された宿泊代金、タクシー代、駐車場代の領収書が含まれているとしても、帳簿のみの保存で仕入税額控除を適用することはできますか」。この問に対して「帳簿のみの保存で仕入税額控除を適用することができます」と答えています。

● なるほど。会社の出張旅費規程に基づく定額支給の場合にインボイスは不要。そうしたら、それ以上に几帳面に扱う実費精算の場合にもインボイスが不要なのは当然ですね。もし、社内手続上の実費精算に領収書が必要だとしても、実費精算型の定額支給と位置づければ消費税ではインボイスは不要になります。

2022/7/15

実務に役立つクールな話題　**税理士顧問契約書を作成していますか**

テーマ　先輩税理士に税理士顧問契約書について質問したところ、「契約書は交わしていない」とのこと。顧問先と契約を交わしていない方が多いのか。

- 私は契約書を交わしたことは一度もないです。お互いの信頼関係です。リスクはあったかもしれませんが、それにも気がつかず。お金をもらわないまま去っていったお客さんもいますが、契約書を交わしていても払わない人は払わないのではないでしょうか。
- 一般に使われる顧問契約書はケンカになった時のために、お前（顧問先）の義務と、俺（税理士）の権利を決めておくというもの。お前とはケンカがあり得ると宣言するに等しい。顧問関係は税法知識のない顧問先が専門家を信じて託すもの。託された専門家は契約で責任を免れることはできません。
- 税理士の場合の顧問契約書はマニュアルだと思うのです。税理士という仕事を理解して貰うための説明書です。特に、相続税の処理など、一生に一度のことで、極端には、税理士自身も忘れている手続がある。それを最初の最初にお互いに確認するマニュアルです。名義預金の有無、過少申告のペナルティ、小規模宅地の要件、配偶者の税額軽減の要件などは相互に確認しないと重要性が分かりません。
- 弁護士を講師にした税理士向けのセミナーがあり、契約書を交わしましょう、こういう条項を入れましょう等の話があり、それを受講した後から契約書を交わすようにしています。交わしていなかった顧問先には、何か機会を見つけて、契約書を交わすようにお願いしました。
- 一番重要なのが「損害賠償額の上限を原告が被告に支払った報酬

の額とする旨の責任制限条項」ですが、これは無効と判断するのが裁判所です（横浜地裁平成２年６月11日判決　判例時報2483号）。そして報酬の未払い分の回収に契約書は不要です。

- 税理士事務所から顧問契約書が送られて来たので見て欲しいという依頼がありました。「ほとんど無内容ですから問題ない」と答えたのですが、プロが素人に示す契約書は、素人を不安にさせてしまうだけです。特に「××については責任を取らない」とか、「××は依頼者の義務とする」と書いてあれば逃げの契約書と疑心暗鬼の原因になります。

2022/7/16

実務に役立つクールな話題　**組織再編税制を親族法で説明する**

テーマ　合併や会社分割は組織行為として分かるのだが、株式交換の位置づけが難しい。さらに株式交付という制度まで登場して選択に迷う。

- 合併は結婚、分割型分割は離婚、分社型分割は出産で、株式交換は養子縁組、株式交付は未成年者との養子縁組でしょうか。

合併＝結婚	分割型分割＝離婚	分割型分割＝出産
A社＋他社	A社→他社	A社 ↓ 他社

- 株式交換も、株式交付も、他社を子会社（養子）にするための手続です。養子縁組は養親（A社）と養子（B社）の合意（株主総会）に基づき実行し、15歳未満の者との養子縁組は養親（A社）と養子の父母（B社の株主）の合意（株式売買契約）で実行するところが株式交換と株式交付の差異に似ています。

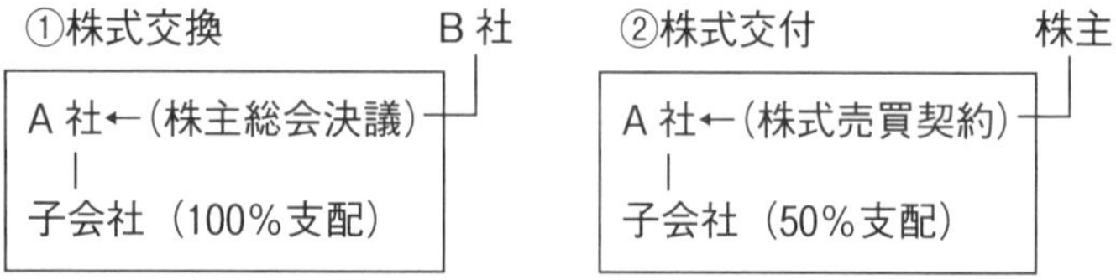

- 株式交換は完全支配関係（養子縁組）が実現し、株式交付は50%超の支配関係を実現します。２つの制度とも対価は親会社の株式ですが、株式交付の場合は時価の20%まで金銭交付をしても課税の繰延を認めます。
- 株式交付の利用場面として、株式の買取りによる50%超支配の子会社化です。非適格株式交換になるリスクが回避できて、株式の継続保有要件がないので株式の転売が可能。中小企業では株式交換はなくなるのではないか。
- しかし、買収するＡ社が中小企業では、買収される子会社のオーナーが手に入れるのは非上場のＡ社の株式であって、株式の譲渡もできない。株式交付で意味があるのは上場会社の株式が交付される場合です。
- 株式交付が、なぜ、50%超の子会社関係を構築するための取得に限ったのか。なぜ、既に50%超支配の子会社の場合は追加取得を認めないのか。株式交換の立法趣旨は理解できますが、なぜ、株式交付という制度を設けたのか。
- 現金を使わない買収の促進でしょう。株式交換では100%になってしまい、現物出資では手続が面倒です。
- 公開買い付け型の企業買収なので、法人税法での位置づけが難しく、租税特別措置法66条の２（株式等を対価とする株式の譲渡に係る所得の計算の特例）によって譲渡益を繰り延べる優遇をしたのだと想像します。

2022/7/16

2022年 7 月17日～ 7 月23日

実務に役立つクールな話題　**PDFの請書に印紙は不要**

テーマ　発注先からの注文に対して請書を発行するが、請書はメール添付の注文書（PDF）を印刷して押印し、それをスキャンしたデータをメール添付で返送する。現物の交付をしていないので印紙税の課税文書にはならない。

- 「請負契約に係る注文請書を電磁的記録に変換して電子メールで送信した場合の印紙税の課税関係について」という文書回答事例があります。「注文請書の調製行為を行ったとしても、注文請書の現物の交付がなされない以上、たとえ注文請書を電磁的記録に変換した媒体を電子メールで送信したとしても、ファクシミリ通信により送信したものと同様に、課税文書を作成したことにはならないから、印紙税の課税原因は発生しないものと考える」という結論です。
- PDFで送付すれば印紙税は不要。そうしたら逆に考えれば、なぜ、文書で送付した場合には印紙税が必要なのか。流通税として契約文書には担税力がある。そのように考えるのならPDFで送付した場合も同じ担税力を求めるべきです。
- 文書に課税するという印紙税が、既に、時代に遅れているのです。逆に言えば、書面化しないと安心できない。その発想が時代に遅れているのです。
- ただ、裁判所は、①書面に本人の印影がある場合は、その印影は本人の意思で捺印されたとみなされ（第1の推定　最高裁昭和39年5月12日判決）、次に、②本人の押印がある書面は本人の意思で真正に作成されたとみなす（第2の推定　民事訴訟法228条）という二重の推定で機能しています。だから土地売買契約書などは実印を押印した売買契約書が必要になり、そのような慣行は容易には消滅しないと思います。
- 日本人は契約書を作成せずに信頼関係で取引をすると言われています。ただ、不動産取引では相手が詐欺師であるという前提で慎重な契約を締結する。慎重な契約については書面化が必要であり、印紙が必要になる。政府がDXを奨励しても、不動産取引で売買契約書が省略される時代は到来しないと思います。

2022/7/18

実務に役立つクールな話題　**遺言執行費用に驚く**

テーマ　**遺言執行者である弁護士から遺言執行報酬の請求が届きました。計算式を見れば相続財産の全額を基礎に計算している。７億円の0.5%に204万円をプラスして消費税を加えて600万円。**

● 遺言執行は弁護士にはボロい商売なのです。70億円の遺言執行で、相続登記をしただけなのに4000万円を請求した弁護士を見かけました。

● 遺言執行は、事件ではなく、事務処理。私の時代（昭和）は遺言執行などはいくらの相続財産でも弁護士が請求するのは事務処理の手数料でした。

● 信託銀行が遺言執行業務に手を出して、借方の数字を基に何もしないで手数料を請求する。仮に、資産５億円、債務４億円の場合の遺言執行費用の算定の基礎は５億円です。弁護士も、それに倣って何もせずにカネが貰える美味しい事案。それが遺言執行です。

● 遺言執行者は、信託銀行でも、弁護士でもなく、その相続で主人公を演じる相続人にしておくべきです。

2022/7/19

実務に役立つクールな話題　**一括して購入した土地と建物への取得価額の按分**

テーマ　**土地と建物を一括して購入したが、売買代金の内訳をみると土地5000万円、建物０円で、建物取り壊し費用1500万円がマイナスされて合計3500万円の売買になっている。買い手は建物の使用を継続するが、その場合の土地と建物への価額の按分を知りたい。**

● 土地と建物の価額按分について、①当事者間の合意が優先するのか、②買主にとっての価額按分が優先するのか。これは②だと思います。売買契約の合意の要素は「総額」であって、土地と建物の価額の按分は「内訳」です。買主の使用の用途に従って取得価額を按分すべきです。

● もし、これを①だとしたら、土地は5000万円、建物はマイナス1500万円にするのが正しい。つまり、建物を壊さなかったら、購入時点で1500万円の受贈益です。

● 消費税の導入後は課税売上と非課税売上の区分が必要になりました。消費税法施行令第45条第３項は「これらの資産の譲渡の対価の額が課税資産の譲渡の対価の額と非課税資産の譲渡の対価の額とに合理的に区分されていないときは」と定め、合理的に区分されている場合は、それを優先すると宣言しています。つまり、上記の①です。

● ①と理解し、取壊費用の負担を受贈益にする。それが理屈でしょうか。いや、しかし、課税売上と非課税売上を区別すべきは消費税に限っての要請です。消費税は対価がない限り課税されません。所得税や法人税では、買主にとっての時価で按分すべきが理屈だと思います。利用価値があり、現実に利用する建物の取得価額がゼロ、あるいはマイナスは理屈に反します。

● 上の例だと、所得税法や法人税法は②を優先して、たとえば土地3000万円、建物500万円になり、消費税法は①を優先してすべて土地なので全額非課税となる。消費税と法人税でずれが生じますが、それは仕方のないことです。

2022/7/19

実務に役立つクールな話題　**相続開始後の法定果実の分割**

テーマ　預貯金の利息や株式の配当、それに賃貸物件の賃料で、相続が開始した後から分割確定までに発生した金額は法定相続分によって相続人が相続する。そのような遺産分割協議書の記載で良いか。

● 利息や配当、賃料収入などの相続開始後の法定果実は相続財産ではないというのが最高裁判決の前提でした。したがって、分割協議書とは別枠で確認書又は合意書のようなものを作成する。杓子定規に解釈して、誰か単独で取得すれば贈与税にも注意をと税理士は呼びかける。

● それは間違いです。利息や配当、少額な家賃などの分配は誰も実行しません。税務署は誰かが所得を申告していれば寛容です。そもそも相続時点から、誰が何を相続するかについての暗黙の合意がある。仮に、賃貸物件なら相続予定者が管理して家賃を集金し、不動産所得も申告している。

- 当事者間に遺産相続の争いがある場合は、相続開始後の法定果実は法定相続分での分割ですが、それは民事上の処理であって、税務は、誰かが申告していれば苦情は言いません。

2022/7/20

実務に役立つクールな話題 **株式交換で純粋持株会社を設立する**

テーマ　甲は異なる事業を行う4社の100%株主で、純粋持株会社を親会社にする株式交換を考えているが、その場合のメリットは①と②、デメリットは③と④になるのか。

①　完全子法人が成長会社の場合に株価上昇の抑制可能
②　完全子法人からの配当に係る源泉徴収手続きの回避
③　完全親法人が株式保有特定会社になって純資産評価
④　完全子法人4社の含み益に対する法人税の控除不可

- 株式交換を社長の趣味で実行するのなら純粋持株会社で良いのだが、相続税の節税のために実行するのなら完全親会社になるのは事業会社でしょう。③を回避しようと思えば、株式保有割合を50%未満にする必要があります。大会社（A社）を親会社にすればB社の株式は消滅してしまうが、A社の株価は上昇しません。

株主
｜
A社　大会社（類似業種比準価額1億円）
｜
B社　純資産価額100億円

- 純粋持株会社を作ってしまったら大変です。受取配当は益金不算入なので、役員報酬などの損金を相殺する収入がない。子会社から意味のない経営指導料をとっても寄附金・受贈益として益金不算入になってしまい、これも役員報酬と相殺できない。青色欠損金が積み上がる会社になってしまいます。

2022/7/23

実務に役立つクールな話題　**株式交換を行う場合の交換比率**

テーマ　同族会社が株式交換を行う場合の交換比率で、相続税評価ベースの交換比率の計算を考えていたが、対象会社に大会社と小会社が混ざっているので大会社の評価額の方が小さくなってしまう。全ての会社を小会社にすべきか、あるいは収益還元価額（DCF）を計算すべきか。

- 身内間の処理にDCFはあり得ません。見積もりに恣意性が入ること、計算コストが高すぎること、DCFは買収価額の計算であって目的が異なること、税務は基本的にDCFを採用していないこと。
- 類似業種評価、折衷方式の評価、純資産評価を混ぜれば、交換比率の関係で相続税の節税効果を作り出せる。それが許されるのか否か。
- 交換比率を算定するのは相続税評価で問題ないでしょう。株式を贈与したら、大会社の株式の方が、小会社の株式よりも贈与税が低くなることもありえる。それを評価通達で認めたのだから、株式交換もその評価額で計算する。
- 株式交換の場合は、交換後も株価は変わらない場合が多いのだが、合併の場合は、合併後の株価が変わってしまう。大会社と小会社が合併し、合併後の会社が大会社になる場合です。その場合は純資産価額でしょう。本来は時価純資産ですが、手抜きをすれば相続税評価額、さらに手を抜けば簿価純資産。

2022/7/23

2022年７月24日～７月30日

実務に役立つクールな話題 **グループ通算制度の中小企業における意味**

テーマ　２つの会社を経営している関与先だが、グループ通算制度を採用した方が良いのか。メリットとデメリットを教えて欲しい。

- メリットは、①１社が黒字で他社が赤字であれば黒字と赤字を相殺できる。②外国税額控除や試験研究費の税額控除は、外国税額や試験研究費を支出する法人に控除分の所得がない場合には、所得のある他の法人から控除ができる。
- デメリットは、①２社が中小法人の場合は軽減税率は２社で800万円まで。②交際費の定額控除も２社で800万円。③２社のうち１社が大法人になると２社とも中小特例は使えなくなる。④税理士事務所は新たな申告ソフトが必要になる。
- グループ通算制度では、通算制度開始前の青色欠損金はグループ内に持ち込んでも自社の所得の範囲内で相殺できるだけなので、合併して青色欠損金を引き継いだほうが良いのではないか。
- 税務通信3680号に「グループ通算制度への移行に伴う課題」という座談会がありますが、これを読んでも実感を把握するのは難しい。大企業の場合は「管理」という面が強い。グループ企業106社の場合は節税よりも管理が優先するのでしょう。では、その１社を担当する税理士がグループ通算制度を理解することが可能か。子会社の１つを担当するだけなので理解するのは無理です。
- ２社を存続させる必要があり、将来も１社が黒字で、他の１社が赤字と見込まれるのならグループ通算制度を選択する意味がある。しかし、そのような場合に、わざわざグループ通算制度を利用するとは思えません。中小企業２社のグループ通算制度を語るのは難しい。赤字会社を合併することも解散もできない。そのような経営判断力のない経営者を語ることになってしまう。個人的にはグループ通算制度を採用すべき場面に遭遇したことがありません。

2022/7/25

実務に役立つクールな話題 **書面添付で調査が省略されるという都市伝説**

テーマ　相続税の申告で、判断に迷う部分があったら書面添付に記載して

しまう。意見聴取の段階で修正申告書を提出すれば加算税は免れる。しかし、一般に言われるように書面添付による税務調査の省略効果があるのだろうか。

● 効果抜群という意見と、効果がないという意見がある。そもそも税理士には分母（調査予定案件）が分からないので、書面添付で調査が省略されたか否かが分からない。相続税の調査の省略割合は分からないが、これが法人の税務調査だとしたら、それなりの所得を申告している会社の税務調査が、以前には３年、いまは５年に一度という取り扱いが変わったとは思えない。

● ①書面添付があったので調査を省略した。②書面添付があったので面談し、納得して調査を省略した。③数字だけを見たら疑われる処理に、その数字になった説明文書を添えるのが書面添付の趣旨。④書面添付には嘘を書けないという税理士に対する牽制効果。⑤書面添付を奨励するために、面談し、調査を省略する件数を増やしている。⑥書面添付で、調査を省略する件数が増えたので、担当者の１年当たりの調査件数は20件から13件に激減し、税務職員は暇を持て余している。⑦面談し、あえて税務調査をして、増差税額が見つけられないと恥をかくので調査を省略した。⑧書面添付をした案件で調査を省略しているので、書面添付のない申告の調査頻度は３倍に増えた。⑨コロナ禍の時代なので、書面添付を理由に調査を省略する手抜きの処理をしている。⑩相続税など小粒になり、そうでなくても調査率は10分の１に激減している。⑪書面添付があり、なるほど、良い仕事をしている税理士だと納得して調査を省略した。

● 一番にあり得ないのが⑪です。税理士の説明で調査が省略できるのなら、税務調査で修正申告に至る割合が80％の今までの実務はなんだったのか。

● 意見徴収は、ほぼ形式というか、書面の記載内容を読んでないんじゃないかという質問内容。調査の当日に来た調査官も意見聴取で答えた内容を覚えていない。なにを書いても名義預金なら信ぴょう性が薄いので自分でヒアリングしたくなるのが普通。書面添付で調査省略になったと言っている人は、調査件数ノルマに利用された

（もともと調査に行くつもりなかった）だけなんじゃないかと思ってしまいました。

● 書面添付は依頼者に対する説明書面なのです。判断が迷う案件で強気の処理をすれば加算税、弱気の処理をすれば見直し税理士。土地評価の問題に限らず、相続直前の使途不明金や、名義預金の帰属の問題などを書面添付に記載して正面からの議論にしてしまう。そうすれば聞いてなかったと依頼者に苦情を言われるリスクが減るし、どちらの結論が出ても税理士の責任が問われることはない。相続税のみの依頼者なら、依頼者への説明資料として有効に活用できる。しかし、書き方を間違えれば内情を暴露する密告書面になってしまう。

● それにしても政府が準備してくれた制度ですから、税理士として説明したいことがあったら有効に活用し、加算税の課税を避けるのと同時に、先に事実を説明することで無駄な疑いを避けるのには有効な制度だと思います。

2022/7/25

実務に役立つクールな話題　**マイナンバーカードの使い道**

テーマ　スマホで自分の顔を撮影して、QR コードで送り込めば区役所に行ってマイナンバーカードが貰える。しかし、マイナンバーカードを貰って何に使うのだろう。10年で有効期限が切れてしまうし、5年でパスワードが切れてしまう。

● 個人番号制度が導入されて７年。いままでにカードがなくて不自由したことがない。政府はマイナンバーカードを何に使わせたいのだろう。健康保険証、年金手帳、運転免許証、パスポート、学生証、クレジットカードかも。

● 国民に使わせたいのではなく、役所が使いたいのです。私たちが便利になる部分はあくまで「おまけ」的なもの。本当に普及できたら行政の効率化と情報収集は計り知れません。住民票の管理、選挙人名簿、コロナの給付金の処理、ワクチン接種券とワクチン接種状況の管理、小学校への入学、生活保護、年金、それこそ埋葬まで番号で管理できます。所得、不動産登記、病歴など、その人の全ての個人情報を名寄せできてしまいます。

- 消えた年金問題を民主党が追及し、政権を取ってみたら、住所と氏名だけでは事務ミスは避けることができず、国民一人ずつに背番号が必要だという議論になった。住民基本台帳カードですが、そのシステムが有効活用できていなかったので、マイナンバーカードに名を変更した。
- それにしてもいま現在の制度で何の不自由もない。ワクチン接種券は届くし、国民全員への10万円の給付金も届けられた。当初は講演会講師になる場合に個人番号を求められて書留郵便で送っていたが、その後、個人番号を求められることもない。住基カード制度が失敗したのも何に役立つのか分からなかったからだが、マイナンバーカードが定着するか否かも全くの予想不能の状態。この制度の為に注ぎ込まれた資金はどれほど大きな金額なのか。

2022/7/28

実務に役立つクールな話題 **崖地の土地を買う**

テーマ　崖地に面した土地を購入するが、崖地には建築制限があると聞いている。どんな建築制限なのか。

- 都道府県や政令指定都市が「がけ条例」を制定しています。2メートルを超える高低差がある土地が対象です。崖上の土地も、崖下の土地も、崖の高さの2倍までの距離は建築制限の対象です。
- 崖上の土地は崖下の端から2倍までの距離、崖下の土地は崖上の端から2倍の距離について建築制限です。擁壁を設置すれば建築が可能ですが、擁壁工事は1000万円単位ですから、ちょっとした崖地でも4000万円、5000万円の費用がかかります。
- 崖上の土地なら、崖が崩壊しても建物が壊れないように、建物の下に強固な杭を打つ方法もあります。木造家屋なら長い杭を打ち込みますし、RCの建物なら基礎を深く入れるので擁壁工事が不要になります。崖下の土地なら崖が崩れた際に埋もれる部分までRCで築造する方法もあります。
- 擁壁工事は大工事です。土砂を全て取り除き、そこにL字形の擁壁を埋め込んで、その上に土を戻す。取り除いた土砂は、どこかに運んで、また、埋め戻す土はどこかから運んでくる。業者の見積もりが高いので苦情を言ったのですが、実際の工事を経験して、工事費が高いのは当たり前だと納得しました。

- 崖地と私道奥の土地を買うのは間違いです。崖地は工事費がかかるので２分の１の値段でも割に合わない。私道奥の土地は、皆さんが通路部分に植木鉢を置き出すのが問題です。

2022/7/28

実務に役立つクールな話題 **税理士というストレスのない仕事**

テーマ　税務処理にミスがあったので本税と加算税を請求するという内容証明郵便が弁護士から到着した。これから裁判になったら税理士の処理の正当性が認められるのか。

- いや、実際には難しいです。カネを貸した、土地を売ったという民法の紛争で、争点は「事実認定」という裁判なら裁判官も専門です。しかし、税務処理のミスを判断するのは、その裁判官にしてみたら初めての経験。そして「税法理論」について間違った解釈をしてしまったら恥をかいてしまう。そうしたら税理士に和解金を支払わせて解決するのが安全。ほとんどの事案は妥協させられて和解による解決になります。
- 税理士の仕事では正義が100％について認められます。事情によっては納税者が不利な箇所も是認して貰って105％について納税者側の正義が認められる。しかし、裁判所の正義は50％から60％と考えた方が無難です。
- それでも労働審判事件に比較すればましです。労働審判は３回の期日で終わらせることにしていますが、そのためには使用者側に解決金を支払わせる必要がある。だから何を主張しても裁判所は聞く耳を持たず、和解しなければ敗訴だと露骨に脅してきます。敗訴させられたら解雇は無効になって、給与を支払い続けることになるのですから裁判官には逆らえません。
- 正義は認められるという理屈は、税法の現場では当然の前提ですが、裁判所では、それを勝ち取ることが非常に難しい。いや、不可能と定義した方が良いと思います。課税の現場での判断基準は「理屈」と「正義」。弁護士と比較したら、税理士は、非常にストレスのない仕事です。

2022/7/28

実務に役立つクールな話題　**貸家建付地評価減の適用範囲**

テーマ　賃貸物件を建築し、それを賃貸に供したのだが、株式評価額の算定で、３年以内取得財産の場合も貸家建付地評価減をしても良いのか。

- 相続税の課税の問題なら次の場合分けです。①賃貸している物件を取得した場合は、取得時の状況に変化がないのだから貸家建付地評価減は行わない。②取得の後に建物を賃貸の用に供したため、取得時の利用区分と課税時期の利用区分が異なることになった場合は評基通93（貸家の評価）、評基通26（貸家建付地の評価）の定めに準じて減額する（資産税審理研修資料　平成15年12月）。
- 仮に、株式を発行法人に譲渡する場合は、所得税基本通達59－６が適用され、「中心的な同族株主」に該当する場合は「小会社」に該当するものとして株価を計算し、土地は譲渡の時における時価による。その場合に貸家建付地評価減が可能なのか。
- 相続税の株価計算で３年以内取得財産でも貸家建付地評価減を認めるのなら、所得税の株価計算でも貸家建付地評価減を認めるのが理屈だと思います。
- いや、相続税の評価では貸家建付地評価減を取り込みますが、不動産鑑定理論を前提にする所得税基本通達の時価には貸家建付地評価減を認めません。不動産鑑定理論では貸家評価減なんてあり得ません。
- 貸家建付地評価減は、あくまでも財産評価基本通達に取り込まれた評価方法であって、所得税基本通達、あるいは法人税基本通達では採用できない。そのように考えるのが無難です。

2022/7/28

実務に役立つクールな話題　**事実婚の不利益**

テーマ　事実婚の夫婦がいるが、どんな不利益があるのか。

- 思い付く限りは相続と税法です。相続権は認められず、所得税の配偶者控除や、相続税の配偶者の税額軽減、居住用の小規模宅地の軽減、基礎控除の計算で法定相続人にカウントされず、相続税は2割増し。
- 財産分与等の民法上の権利、交通事故の場合の内縁の妻の損害賠償請求や、福祉制度などの不利益は内縁の妻でも救済されている。それ以外にも多様な問題があるような気がしますが、その辺りの不利益は解消されています。
- 事実婚の不利益解消を主張している人たちがいるのですから、それ以外にも不利益はあると思うのですが、それにしても不利益の中心は相続と税法です。
- 健康な状態なら良いのですが、コロナ禍に相方が入院した。身内でも面会に行けない状況で、何かあっても自分には連絡がこないかも。手術の同意書にサインをする権利がない。相方の死に目に会えなくなってしまう。怖くなって籍を入れたそうです。事実婚やLGBTの権利が強くなれば、そんな不利益も無くなるのかもしれません。でも、現場には頭の固い人がいる。説得している間に相方が死んでしまうかもしれない。

2022/7/29

実務に役立つクールな話題　**相続人が不存在の場合の準確定申告**

テーマ　お世話になった病院に不動産を特定遺贈した。相続人不存在で遺言執行者（弁護士）がいるのだが、あらためて相続財産管理人を選任するのは面倒だと相談されている。遺言執行者が申告までやってしまっても利益相反の問題はないか。

- 遺言執行者には準確定申告をする権限はないでしょう。遺言執行者の準確定申告をダメと言われた事例を経験しています。
- 国税庁の質疑応答事例の「民法上の相続人が不存在の場合の準確定申告の手続」の解説は次の場合分けです。

①　包括受遺者がいる場合は、包括受遺者が遺贈のあったことを知った日の翌日から４ヶ月を経過した日の前日までに準確定申告書を提出。

②　包括受遺者がいない場合は、相続財産法人の管理人が確定した日の翌日から４ヶ月を経過した日の前日までに相続財産法人が準確定申告書を提出。

● 相続財産法人の申告は不要とする解説もあります。相続人の不存在が確定したときは、債務を弁済し、遺贈を実行し、特別縁故者への財産の分与を終えた後の相続財産は、結局は国庫に帰属することになる。相続財産法人としての所得の申告は不要とする解説です。

● 不要説には次もあります。「相続人がいない相続財産の相続財産管理人（弁護士）が裁判所の許可を得て相続財産（不動産）を売却した場合、法人税等の納税が必要ですか」というＱについて、「相続財産法人に納税義務がないとする明文の規定も存在しないことから、納税義務がないとは推測されません。ただし、相続財産法人の財産は、最終的に国庫に帰属するので納税義務無しとしても課税上の弊害はないと考えられます（相談事例Ｑ＆Ａ　公益財団法人日本税務研究センター）」。

● 不動産を特定遺贈したための準確定申告と、相続後に遺言執行者が不動産を換価した場合の譲渡所得の申告は同列。つまり、準確定申告の場合も建前としては申告が必要だが、実務としては申告は不要。しかし、最終的に国庫に財産が帰属せず、相続財産の全額が処分されてしまう租税回避事案では不安が残る。

2022/7/29

実務に役立つクールな話題　**電子帳簿保存法による検索要件の完備の方法**

テーマ　電子取引のデータ検索条件について、日付、取引先、金額の３つのうちの２以上の要素の組合せで検索可能であることが要求されます。仕訳データで検索することを想定したが、見積書や契約書などは日付も金額も仕訳とは異なる。

● 見積書をもらう時期と、会計伝票の作成時期がズレるので、会計伝票を作るまでの間は別に保管しておく必要がある。そのままの場所に保存し続けた方が楽な気もします。

- PDF のまま保存し、それを電子データとして位置づける。それとは別に PDF を紙にプリントしてファイリングした紙を検索簿と位置づける。取引先別で、日付順に保存すれば２要件はカバーします。検索簿が紙ではダメなのですか。
- 検索要件の条文は「２以上の任意の記録項目を組み合わせて条件を設定することができること」となっており、条件設定という文言からも書面で満たすのは無理だと思います。
- それはデータを直接に検索するからで、その前に検索簿を置くシステムも許されると思うのですが。そもそも、なぜ、電子化なのか。それが分かっていないのですが。本文をテキストにしない限りは、ファイル名で検索せざるを得ない。しかし、ファイル名で年月日、社名、金額を検索するシステムの利用は現実的には不可能です。
- 紙の検索簿で良いのなら、PDF ファイルの場合は、いままで通り得意先別で印刷し、印刷する際に保存場所、ファイル名をフッターで印刷しておく。これで十分ではないですか。
- PDF を受領したら、その要旨をメールの本文に書き込む。「山田太郎からの請求書、令和４年７月29日、金額10万円、消費税１万円」と本文に書いて、PDF ファイル添付して自分宛のメールの管理用アドレスに転送処理をする。そうすれば受領したメールの LOG が検索簿と電子情報になります。メールソフトなら本文検索が可能です。
- 電子帳簿法も、インボイス制度も、「何のため」が議論されず、税理士が導入の議論を始めている。個人番号の導入当初は、特別のロッカーを作ったり、部屋を分けたり。その勢いが続かず、いま頓挫した状態です。電子帳簿保存法とインボイス制度という取引に一手間を加える制度が定着するのか否か。税理士だけではなく、商売人を教育するのだから大変です。そしていままでの取引慣行に一手間、二手間を乗せて、そのメリットが商売人に感じられない制度が定着するのか否か。税理士が騒ぐだけでは導入は難しいような気がします。

2022/7/29

実務に役立つクールな話題　**破産者情報サイトの弊害**

テーマ　破産者情報のサイトがあります。ご近所さんにも昔の破産歴が露見してしまう。

- 国が閉鎖勧告をしているサイトです。官報に掲載された2009年から19年までの自己破産した人の情報を地図上に公表している。６万円から12万円をビットコインで支払えば削除すると説明されている。2019年以降の情報が計上されてないのは、いま破産者の官報公告は中止されたのですか。
- 官報公告は中止されていません。司法書士界でも問題としています。
- 官報公告を中止すれば、新たなデータの登録はなくなります。官報で破産者の情報を見ているのは銀行員でしょうか。それにしても個人情報について厳しい時代。破産情報を官報に公告するという昭和の時代のシステムが残っているのが不思議です。
- 債権者に、債権届出を告知する機能だと思うのですが、誰も官報なんて見ていません。自分の取引先が破産したことを官報で知るなんてことはあり得ません。官報公告は早急に廃止すべき制度です。

2022/7/29

2022年７月31日～８月６日

実務に役立つクールな話題　**銀行が提案する株式移転を利用した事業承継スキーム**

テーマ　事業会社Ｂの事業承継対策として、株式移転によって親会社Ａを設立する。しかし、これが事業承継の対策になる理由がわからない。

社長　＝100％支配
｜
会社Ａ
｜　＝100％支配
会社Ｂ

- 親会社で不動産を購入し、購入してから３年経過後に親会社の株式を贈与や売買で子に譲渡してしまう。それが銀行の提案でしょう。
- いや、しかし、親会社の株価は、子会社の株価を借方に持ってきますので、子会社の株価と同額になりますね。親会社が借金し、土地を購入し、３年を待つのなら、株式交換などを実行せず、子会社で土地を買っても同じです。

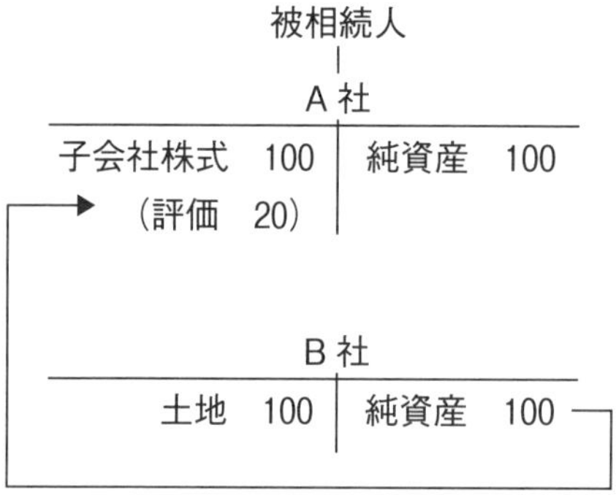

- いや、違います。子会社の純資産は100億円で、類似業種比準価額は20億円。株式移転で親会社は20億円の子会社株式を借方に計上する。そこで50億円を借金し、50億円の不動産を購入する。この時点で親会社の株価は20億円だが、３年後に不動産は30億円の評価になる。すると親会社の純資産価額方式の株価はゼロです。
- なるほど。子会社は類似業種比準価額で、その類似業種比準価額の株価を親会社が引き取るが、親会社は純資産価額。土地を購入し、３年を待つことで、路線価の圧縮効果を利用することができる。こ

れが銀行の提案ですね。

2022/7/31

実務に役立つクールな話題 **相続直後に自己株式として株式を売却する価額**

テーマ　大会社評価（100％類似）で相続した同族会社株式を、相続後、措置法９条の７の特例で発行法人に譲渡する。この場合の譲渡価額は純資産価額で問題ないか。さかのぼって、相続時の評価額も譲渡価額と同額と言われてしまうのがこわい。

● 同族会社の株式を相続後にＭ＆Ａで売却した事案で、Ｍ＆Ａの売却価額が時価と認定され、相続税の更正処分を受けた裁決があります（令和２年７月８日裁決）。

● これは違います。相続前に１株当たり10万5068円で総額63億408万円の売却の基本合意があり、相続後に当該合意額で売却した事案です。相続前の基本合意書は当事者を法的に拘束するものではないと認定しましたが、相続前の合意額で相続後に売却された事実が重視されました。

● 相続人は原則的評価方式である類似業種比準価額によって１株当たりの価額を8186円と評価して申告しました。これに対し課税庁は評価通達総則６項に基づき、民間の評価機関に株式の鑑定評価を依頼。その鑑定価額（１株当たりの価額を８万373円）に基づき課税したという案件です。

● 相続税申告も売却時価で申告することが１つの安全策ということですね。

● いや、違います。そんなことをやったら見直し税理士にイチコロです。

● 理論面では、相続税評価額と、その後の売却の場合の所得税評価額が異なるのは当然のこと。そのような場合に、相続税の課税について所得税評価額が利用されることはあり得ません。評価通達６項も理由があって適用されているのであって、実務が変わったわけではありません。

2022/8/1

実務に役立つクールな話題　**税理士事務所の終わりが来るとしたら、それはいつか**

テーマ　税理士事務所の終焉が来るとしたら、それはどんな理由か。想像もしないところから業界の終わりが来るのは、消費者金融を終わらせた最高裁の過払い金返還請求の判決、弁護士業界を終わらせた司法試験改革、書店を終わらせてしまったamazon。つまり、競争相手は同業他社ではなく、異業種です。

- マネーフォワード（MF）とfreeeです。家計簿ソフトから、個人零細企業、中堅企業と客層を広げ、金融取引などのデータの取り込みから、請求書システム、ファクタリング、取引先の信用評価、給与計算、勤怠管理、出金管理と進化し続けている。登場して数年で上場会社になる実績を積み上げている。
- 簿記会計型のシステムは無くなる気配がします。会計ソフト型のシステムを利用し続けるのはベテラン経理社員を抱え続ける企業に限る。第3次産業革命は製造現場の熟練工を不要にしました。第4次産業革命は事務部門の熟練工を不要にする。
- 会計ソフト、申告書ソフト、電子申告と進化してきた税理士業界が、全てを取り込むIT企業に負けていくのは、地元の書店がamazonに負ける構造と同じ。
- 飲食店が勤怠システムをリクルートの「Airシフト」に変更する予定だが、この勤怠システムと自動連係している給与計算ソフトは、現状は「freee人事労務」のみと分かりました。そのような連携システムが会計専用ソフトを超えます。
- 上場を目指している顧問先が、監査法人数件に当たったところ、会計はMFかfreeeに変えてくださいと言われた。これが業界の趨勢だとしたら簿記会計と会計専用ソフトの時代は終わる。いや、税理士の時代が終わってしまったら困ります。

2022/8/2

実務に役立つクールな話題　**公道と2項道路に接した土地の側方加算**

テーマ　公道に接すると共に、2項道路にも接している角地の土地は、2項道路について側方加算が必要なのか。

- 不要です。２項道路は、建築基準法の道路ですが、あくまでも私有地。つまり、路線価は付けられません。２項道路にのみ面した土地を評価する場合は、①公道から奥行き逓減で評価するか、②２項道路に路線価を設定して貰う。
- ２項道路に設定した路線価は、あくまでも申請者に限った路線価なので、他の方には影響を与えません。公道と私道に面した土地は、私道の路線価を無視することが正しい評価です。
- いや、評基通14では、路線価が設定される道路は「不特定多数の者の通行の用に供されている道路」と規定されていますので、公道か私道かは関係がありません。それに２項道路は市道（里道など）であるケースも多く、かならずしも私道であるとは限りません。
- 私道の案件で、路線価があることが誤っているのではないかと所轄署に話したら、評価上は私道の影響無しでOKとなりました。翌年の路線価は消えていました。
- どのような私道には路線価を付けて、どのような私道には路線価を付けず、特定路線価の設定が必要になるのか。確たる基準があるとは思えません。要するに路線価図に路線価が記載されているか否かの区分です。ただ、「公道に接すると共に、２項道路にも接して」いる場合について、わざわざ２項道路に特定路線価を設定して貰う必要はありません。

2022/8/2

実務に役立つクールな話題　**収入金額が300万円を超えない場合は雑所得**

テーマ　事業所得と雑所得の判定について「その所得がその者の主たる所得でなく、かつ、その所得に係る収入金額が300万円を超えない」場合には雑所得と取り扱って差し支えないという通達が登場する（所得税基本通達35－２）。

- 収入金額とは売上なので、売上が300万円以下の場合。それでも所得がプラスなら事業所得と雑所得の差異を議論する意味は少ない。しかし、所得がマイナスの場合は損益通算が許されるか否かの問題が生じる。

- 毎年赤字の事業所得、特に農業所得で、当たり前に損益通算していることが国税庁の逆鱗に触れたのか。ネットで商売している方たちからの給与所得と損益通算をする大量の赤字申告なのか。しかし、農業所得は踏み込めない聖域です。
- ネット商売の人たちでしょう。パブリックコメント（意見公募）に対して、過去の通達改正で集まった意見は多くても100件程度だったが、今回は途中経過でも4000件以上の意見が寄せられたそうです（日本経済新聞令和4年8月29日）。
- 副業を認める会社が増えたことと、YouTuberやヤフオク、メルカリへの出品などの副業収入を申告する人たちが増えたのが背景だと思います。それが黒字の申告なら良いのですが、わざわざ申告する人たちは欠損の申告で、それを給与所得と通算する人たち。
- 事業所得者は、何でもかんでも必要経費に計上しているというマスコミ伝説を信じている人たち。友人との食事や飲み会、自家用車の減価償却費、あるいは家賃の一部を必要経費に計上する人たち。そのような人たちが大量に出現したのが最近の事情なのだと想像します。
- 一般の人たちから相談を受ける税理士としては、売上が300万円を超えないとダメと言えるので、経費について議論する必要が減るのは助かります。

——— パブリックコメントを受けての改正通達 ———

- 令和4年10月7日に追加の報道がありました。7000件のパブリックコメントが寄せられて、その大半が「ハードルが高すぎる」「事情はそれぞれなのに、一律の基準をつくるのはおかしい」といった反対意見だった。
- 改正通達は、通達の解説と合わせて読むことによって趣旨が読み取れる。次の①、②、③の順番に検討するが、今回の通達のキモは②の後段の「取引を帳簿書類に記録し、かつ、記録した帳簿書類を保存している場合」は事業所得に区分される場合が多いという位置づけです。

① 事業所得と認められるかどうかは、その所得を得るための活

動が、社会通念上事業と称するに至る程度で行っているかどうかで判定する。つまり、「自己の計算と危険において独立して営まれ、営利性、有償性を有し、かつ反復継続して遂行する意思と社会的地位とが客観的に認められる業務から生ずる所得」という最高裁昭和56年4月28日判決に従う。

② ①の場合でも、その所得に係る取引を記録した帳簿書類の保存がない場合には雑所得。逆に、「取引を帳簿書類に記録し、かつ、記録した帳簿書類を保存している場合」は、「一般的に、営利性、継続性、企画遂行性を有し、社会通念での判定」において事業所得に区分される場合が多いと位置づける。

③ ②の記帳がない場合でも、収入金額が300万円を超え、かつ、事業所得と認められる事実がある場合は事業所得とする。つまり、記帳していなくても弁護士業や税理士業などの事業の実態があれば事業所得になる。

● しかし、②で記帳していても(a)収入金額が僅少の場合と、(b)営利性が認められない場合は個別判断になる。ただし、(a)と(b)は3年程度の期間を通じて判断するので、記帳していれば2年間は規模に関係なく事業所得になる。

(a) その所得の収入金額が、例年、300万円以下で主たる収入に対する割合が10％未満の場合。

(b) その所得が例年赤字で、かつ、赤字を解消するための取組を実施していない場合。

● 起業する場合は1年、2年は欠損が生じても仕方が無い。だから3年間について様子を見ることにして、その間については記帳していれば事業所得とみなす。もちろん計上した経費の全額が必要経費と認められるわけではなく、収益を確保するための必要経費に限ることは当然です。

● これから多様な解説が登場し、さらに深く議論されると思いますが、通達と、その解説を読んだところでの現時点（令和4年10月13日）での理解として整理してみました。

2022/8/3

実務に役立つクールな話題　**コインランドリーの出店を検討している**

テーマ　中小企業経営強化税制を使ったコインランドリーを節税商品とする営業を受けた。

- 採算性については、①コインランドリー経営は常に一定の利用客を獲得できる、②収入が現金で入る、③共働き世帯の増加で需要がある、④３年間の投資利益率5.8％で、５年目以降は黒字化というのが営業マンの説明。
- 誰でも開業できる商売に余剰利得は存在しません。さらに全ては立地。しかし、営業マンは不利益な立地でも開業を勧める。レオパレスの営業マンと同じです。
- 土地を借りて、内装投資して、機械投資しても5.8％で回るという説明。不動産賃貸より良いのか、悪いのか。コインランドリーの需要と不動産の空室との比較、コインランドリーのお手頃投資と不動産の高額投資との比較なのか。
- そのような議論はおかしい。商売は全て立地です。私の地元ならコインランドリーは中途半端な三角形の店舗や、いままで倉庫だった建物。居住用に貸せず、店舗にも貸せない物件。コインランドリーは、たとえれば自動販売機商法と同じです。
- 小銭を稼ぎたがる人たちをカモにして設備を販売する営業マン商法です。もちろん、儲かっているコインランドリーもあるとは思いますが、だからこそ営業マンの歩合給商法が成り立つのです。コインランドリーの経営がビジネスモデルなのではなく、コインランドリーを開店させて設備を売り込む歩合給商法がビジネスモデルなのです。中小企業経営強化税制が利用できるというのは客を釣るためのセールスの一つです。

2022/8/5

実務に役立つクールな話題　**遺言執行者の就任を防止したい**

テーマ　遺言執行者の指定がある遺言書があるが、遺言書と同じ内容の遺産分割をすることで、遺言執行者の就任を避けたい。

- 遺言執行者がある場合は「相続財産の処分その他遺言の執行を妨

げるべき行為をすることができない」という民法1013条があります。

- 東京地裁平成10年7月31日判決は『「相続させる遺言」の場合はなんらの行為を要せず、被告に相続承継されたものとみるべきであり、これに遺言執行者が関与する余地はない』として、遺産分割協議の無効確認を求める遺言執行者の訴えの利益を否定しました。これは民法相続編の改正後も同じだと思います。
- 相続人の全員の意思で遺言書と同じ、あるいは遺言書と異なる遺産分割をする場合なら、第三者の受遺者がいない限りは、遺言執行者の就任を排除することが可能です。信託銀行の場合は、昔は身を引いてくれなかったのですが、「君は不要」といえば身を引くのが、最近の信託銀行の実務です。

2022/8/5

実務に役立つクールな話題 **有償減資と準備金の積立の要否**

テーマ　有償減資のみなし配当の場合も、利益準備金を配当金の10分の1で、資本金の4分の1まで積み立てなければならないのか。

- 有償減資と定義するのでわからなくなります。会社法では有償減資を、①資本金の額の減少（会社法447条）という計数のみの変更手続と、②資本剰余金の配当（同法453条）という払戻手続とに分解しました。③発行済み株式数を減少するのなら株式併合手続（同法180条）を行います。
- 資本剰余金を配当した場合には資本準備金を積み立て、利益剰余金を配当した場合には利益準備金を積み立てます（会445④、会計規22、46）。準備金の積立額は、資本準備金と利益準備金の合計額が資本金の4分の1に達するまでで、配当した金額の10分の1です。
- 配当を受ける株主側の課税関係ですが、資本剰余金からの配当については、税法上は、純資産額を分母にしたプロラタ計算が採用され、資本金等の額からの配当と、利益積立金からの配当に分解されます。利益積立金の配当になる部分は配当の益金不算入の対象ですが、資本金等の額からなる部分は譲渡益課税の対象です。

2022/8/5

2022年８月７日～８月13日

実務に役立つクールな話題　**成年後見人が選任されている場合の遺産分割**

テーマ　小規模宅地評価減を適用すれば相続税額が生じない案件だが、相続人の一人に成年後見人（他の相続人）が付いている。遺産分割をすると利益相反なので後見監督人の選任が必要になる。

● 配偶者の税額軽減と小規模宅地の評価減は期限後申告でも適用されます。つまり、申告要件がないのと同じです。ただ、厳格に言えば、相続税の申告期限から３年以内に分割されている必要がありますが、３年も経過すれば税務署は来ないのが常識です。

● それでも税務署から相続税申告についてのお尋ねが送られてきたら相続税を申告しないわけにはいかないですね。その場合は後見監督人が登場しますが、後見監督人としては法定相続分の遺産分割しかできない。同居していない相続人がいるので小規模宅地評価減の適用面積が小さくなってしまう。

● 相続人に未成年がいるので、特別代理人の選任が必要になった案件ですが、特別代理人の選任の申立書には遺産分割協議書案を添付します。これが法定相続分とかけ離れていると認められない。そして特別代理人の許可書には添付した遺産分割協議書案が割印された状態でついてくる。ただ、添付した分割協議書案では、全ての財産を法定相続分で分けずに、自宅は母親にして、子が現預金を相続することで調整しました。相続税評価額ベースです。

● 全ての財産を配偶者が相続すれば配偶者の相続税額の軽減が１億6000万円もあるので相続税額はゼロ。子供が預金を相続しても母親が管理するのだから意味はない。未成年の子の進学費用のためにも遺産を減らしたくないのに無駄な相続税を納める。家庭裁判所が関与したのに、家族の利益にならない制度だと思いました。

2022/8/8

実務に役立つクールな話題　**路線価が設定された行き止まりの私道**

テーマ　いわゆる旗竿地で、竿部分は私道になっていて３軒の住宅の玄関が面している。これは「特定の者が利用する」私道に該当して３割評価になると思うが、路線価図を見直すと、その私道に路線価

が付けられている。この場合は「不特定多数の者が利用する」の私道としてゼロ評価すべきか。

● 通達では、路線価は不特定多数の者の通行の用に供されている道路に設定するとありますが、現実は行き止まり道路にも設定されていたりします。路線価が設定されていても、特定の者だけが利用する私道は3割評価になると思います。

● 路線価が付された土地を、その路線価で評価するのは矛盾です。路線価が付された私道はゼロ評価でしょう。国が、そこを公道と同等と認めたのですから。

● ゼロ評価かどうかは、私道に路線価が付されているかどうかではなく、私道が不特定多数の者の通行の用に供されているかどうかでの判断ではないのでしょうか。タックスアンサーの「私道の評価」では「私道の価額は、原則として、正面路線価を基として次の算式によって評価しますが、その私道に設定された特定路線価を基に評価（特定路線価×0.3）しても差し支えありません」と解説しています。

● これは申請して特定路線価を設定して貰った場合です。路線価図に路線価が設定されているのなら、課税庁自身がそれが公道扱いだと認めたのです。仮に、それがミスであったとしても、そのミスを利用しても非難されません。

2022/8/8

実務に役立つクール な話題　**みなし役員に対する給与等の制限**

テーマ　70%の株式を持つ代表取締役の父親は実際には認知症で、30%の株式を所有する娘が従業員として会社を管理している。娘は法人税法施行令7条2号のみなし役員になるが、娘に退職金を支払う場合に功績倍率などの役員退職金の制限に従うのか、支給について株主総会決議は必要なのか。

● みなし役員は、あくまでも法人税法上の概念なので、役員に適用される制限の全てが適用されるわけではありません。

	みなし役員
報酬の株主総会決議	不要
役員退職金の総会決議	不要
過大役員報酬の制限	適用
過大役員退職金の制限	適用
定期同額給与の制限	適用
事前確定給与の届出	適用

- 税法上は役員ですが、会社法上は使用人なので、株主総会は要求されません。役員報酬の限度額決議や、役員退職金の支給決議は必要ありません。会社法で要求されない決議を、税法が要件とすることはできないからです。
- 法律上の役員に就任した場合に、従業員時代の退職金を支払った場合には、分掌変更退職金の制限が適用されます。役員（みなし）から役員に就任した場合に退職金を支払うことはできないからです。
- 定期同額給与の制限や、事前確定届出給与の届出が必要です。不相当に高額な報酬や退職金の損金不算入規定（法人税法34条２項）が適用されます。それこそがみなし役員制度をもって制限する目的です。したがって、退職金は功績倍率法で算定した金額を限度にする必要があります。

2022/8/11

2022年 8 月14日～ 8 月20日

実務に役立つクールな話題　**免税事業者の消費税の請求は許されるのか**

テーマ　インボイス方式の適用後において免税事業者が消費税額の請求をすることの是非という「問」に、「免税事業者が消費税額の請求をすることを禁止する規定はありませんが、『消費税額』ではなく『消費税相当額』として請求することが良いものと考えます」という解説がある。

● 消費税を顧客に請求する法律上の根拠は課税事業者についても存在しません。「代金100万円＋消費税10万円」は単なる値付けの問題です。だから「代金110万円」でも良いのです。

● しかし、消費税と明記することは、消費税であると買手に誤解させる。つまり、仕入税額控除が可能と思って取引した。その誤解が民法上の錯誤の取引になるのではないか。

● それを念頭において「消費税相当額」という姑息な表現を提案しているのだと思います。

● インボイス発行事業者は「代金＋消費税」の請求が許されるとして、インボイスの登録をしていない課税事業者は「代金＋消費税」が許されるのか、さらに免税事業者は「代金＋消費税」が許されるのか。

● 消費税として請求する以上は、それが仕入税額控除になることを説明している。主義主張で面倒くさい処理をするのは各人の自由ですが、商道徳としてはインボイスの発行事業者に限って「代金＋消費税」の請求が許されると解すべきです。

2022/8/15

実務に役立つクール な話題　**経過措置期間を含めて免税事業者からの仕入の処理**

テーマ　インボイスの発行事業者でない者からの仕入でも、6年間は仕入税額控除の経過措置がある。令和5年10月にインボイス制度が実施されるが、その後3年間は80％の仕入税額控除が認められ、さらに、その後3年間は50％の仕入税額控除が認められる。仕入先をインボイス発行事業者に限るべきか。

令和５年10月 —— 令和８年10月 —— 令和11年10月
50％控除　　　50％控除

● インボイス制度が導入されるのだから、11万円請求してきたのを10万円に値下げしたら取引を続け、相変わらず11万円を請求してきたら、取引する価値を感じるなら継続し、そうでなければ最終的には取引を打ち切る。

● 私の担当しているお客さんは、取引先と縁を切るなどは現実的にはなさそうです。ただ、経過措置を含めて会計処理が大変です。インボイス発行事業者ではない相手先からの仕入証憑については帳簿の摘要欄に何らかのマーク（○とか）を入力してもらおうかと思っています。あまり細かく気にしすぎると大変なので、私は少額は無視するかもしれません。

● 税務処理よりも、経営優先。その会社と付き合いがあるのは仕入税額控除のためではなく、必要な取引先だから付き合っている。少なくとも経過措置が終わる令和11年９月までは100％の課税仕入で帳簿を作成すれば良いと思います。決算時に概算で一部の仕入について80％控除（50％控除）に修正する。税務調査になったらネゴすれば良い話です。その会社の売上先が当社のみだとしても年間1000万円未満、その２％は20万円にも満たない金額。税理士の顧客の大部分は社長決裁ですし、責任問題など言い出さない会社です。

● 税務の現場が、取引の全てについてインボイスを確認することを想定しているとは思えない。個人番号制度も同じですが、実務の必要性が存在しない制度は骨抜きになる。税理士が過剰反応して取引の打ち切りをアドバイスするのは常識音痴です。

2022/8/16

実務に役立つクールな話題　**免税事業者と源泉所得税の矛盾**

テーマ　国税庁の法令解釈通達は、報酬・料金等に対する源泉徴収について「インボイス制度開始後の取扱い（現行の取扱いから変更な

し)」として、請求書等は「必ずしも適格請求書(インボイス)である必要はありません」と解説している。これは免税事業者でも消費税が請求できるという趣旨か。

- 「適格請求書発行事業者以外の事業者が発行する請求書等において、報酬・料金等の額と消費税等の額が明確に区分されている場合には、その報酬・料金等の額のみを源泉徴収の対象とする金額として差し支えありません」としているので、免税事業者も消費税が請求できるという意味でしょう。
- さすがに免税事業者は無理でしょう。課税事業者だが適格請求書発行事業者にはならない事業者に限ると思います。しかし、課税事業者でインボイスの登録番号を入手しないという選択肢は例外的な存在ですね。
- そうしたら、「適格請求書発行事業者以外の事業者が発行する請求書」とわざわざ解説しているのはここで言う事業者に免税事業者を含む趣旨です。免税事業者でも自社の仕入には消費税が課税されているのだから、それを顧客に転嫁できるとしたら、転嫁する消費税分を含めたところで源泉所得税を控除するのは不合理です。
- 免税事業者でも消費税を転嫁するのは自由。その場合は消費税を除いたところでの10%の源泉徴収になる。しかし、顧客は仕入税額控除ができない。①源泉徴収では消費税の存在を認め、②仕入税額控除では消費税の存在を認めない。税法という整合性のある法律に免税事業者や、インボイスという政策的な制度を導入したために生じた矛盾です。

2022/8/17

実務に役立つクールな話題　**賃料収入の全額を長男が所得税申告している場合と小規模宅地**

テーマ　**12月の相続案件で、翌年の所得税の申告期限までの遺産分割は困難。そこで貸家の家賃収入の全額を長男が所得税申告するが、その後、貸家は次男が相続することになった。これは貸付事業用宅地の適用を受けるについて支障になるか。**

- 正しくは、未分割の賃貸物件の賃料収入は法定相続分に分割して所得税を申告します。ただ、実務では、誰かが賃料の全額を申告していれば税務署は問題にしません。

● 賃料の全額を長男が受け取っていることで、次男については被相続人の賃貸業の承継と継続がないと言われると困る。しかし、長男が共有者を代表して賃料を受け取っていたのであって、長男名義の所得税を申告したからといって、それが賃貸業は長男しか承継していないという理由にはならない。

● 勝手に長男が賃料を受け取っていても、次男も法定相続分の賃料を受け取る共有者。所得税の申告は気になりますが、いざという時は次男が所得税を期限後申告することで所得税と相続税のズレは修正できます。

2022/8/19

実務に役立つクールな話題 **微妙に悩む新規の顧客**

テーマ　電話で問い合わせがあった新規の客。ネットでかき集めたいくつもの節税策を実行したいと言う。節税のリスクを説明し反対した。節税策で税法は何とでも処理できると考える人たちは好きになれない。

● 私も同じような傾向がありますが、これは面倒が予想される仕事を嫌っているのですね。難しい客を経験すると新しい仕事を引き受けるのが億劫になる。そして仕事を引き受けない理由を相手方に求めている。原因は、相手方にあるのではなく、自分自身にあるのですが、断ったことを「虫の知らせ」として正当化する。でも付き合えば、結構、良い人だったりします。

● 一般の人たちがネットの情報で節税策を探し、それを利用しなければ損をすると考え、節税策を駆使して納税額を抑えるのが税理士の仕事だと考えても不思議ではない。マスコミは極端な節税策を無責任に垂れ流す。税理士だって節税策を書いたトンデモ本を書いている人がいる。それを真に受けた一般素人の言葉に過剰反応してしまう。

● そんな話で登場した納税者ですが、付き合ってみれば性格は素直。

WEB 会議するうちに納税意識が成長してきました。よい付き合いが続きそうです。

- 午前中に新規案件がありました。建設業をやっていて法人成りしたい。いくつかの税理士事務所に電話したが、高齢を理由に断られ、新規は受けていないと断られたと。何かほかの理由があったのかと勘ぐってしまいますが、実際に会ってみると素直そうな人でした。ちょっと微妙かと思ったのですが引き受けてしまいました。さて、どうなることやら。
- 脱税志向のある納税者を近づけないのは自分を守るために必要ですが、迷うなら引き受けるべきです。専門知識がないだけで多くの経営者は真面目です。
- 多少の問題はあっても顧問料を支払ってくれる客は良いお客様です。税法だけではなく、専門家との付き合いも全く初めての人たち。いや、専門家自身も多様な種類がいる業界です。その人たちとも価値観を共通にして、顧客を育てるのも私たちの仕事です。
- 独立したら仕事は自分で選ぶことができますが、仕事を引き受けてしまったら収入と共にリスクも自分で背負う。しかし、飛び込まなければ収穫がない。若いときは入ってきた仕事は全て引き受ける。そのような積極性が必要です。いや、歳をとっても、だからこそ新しい顧客に挑戦する積極性が必要なのです。

2022/8/19

2022年8月21日～8月27日

実務に役立つクールな話題　**インフレ税という税収**

テーマ　「インフレ税」、米欧4.5兆ドル、債務圧縮、財政に劇薬。国民には「見えぬ負担」という日本経済新聞（令和４年８月21日）の記事があった。税という言葉に反応してしまうが、日本の実情はいかがか。

- 欧米のインフレ率から計算した貨幣価値の目減りです。「高い物価上昇率が経済を不安定にする裏で、通貨の価値低下により政府債務が実質的に目減りしている」。それを「インフレ税」と定義し、米欧では２年で4.5兆ドル（約600兆円）に達したと解説している。これは所得税の税収に届く金額だと説明している。
- 仮に、10％のインフレなら、私の預金残と、政府の国債債務は10％の目減りになる。これが「インフレ税」で、昭和の時代は「インフレ税」の時代だった。
- 思い出せば、あの時代、働けど、働けど楽にならざるの時代だった。昭和の時代、いくら働いてもインフレ（地価の値上がり）に追いつけなかった。収入は増えるが、それ以上に地価が上昇した。預金金利は５％を超えたのだが、それ以上に地価が上がった。
- 日銀の黒田総裁が目指すインフレ目標は、経済政策であると同時に「インフレ税」目標。インフレになれば大量に発行した政府の国債債務の実質価値は目減りする。預金残の多い高齢者から「インフレ税」を徴収することになる。いや、しかし、いつになってもインフレにならない黒田政策のおかげで高齢者の生活は安泰です。
- 日本経済新聞の記事も日本については次のように語っています。「一方、相対的に低インフレの日本はインフレ税による債務圧縮の効果は小さい。物価上昇率は２％程度で、公的債務の目減りは２年で2000億ドルと米欧合計の20分の１未満の規模にとどまる」。

2022/8/21

実務に役立つクールな話題　**リモートデスクトップの利用**

テーマ　配偶者の転勤で通えなくなる職員がいるが、貴重な人材なのでリモートデスクトップで仕事をしてもらいたい。どのようなシステ

ムが良いか。

- Windows の Pro バージョンにはリモートデスクトップのホストの機能が含まれますし、Windows のすべてのバージョンにはリモートデスクトップのクライアントの機能が含まれます。事務所のルーターに VPN サーバーの機能があれば、この３つで事務所のパソコンのリモート操作が可能です。
- Windows のリモートデスクトップは全体的に使いづらく、いつしか使わなくなりました。いまはもっぱら Chorme Remote Desktop です。信じられないほど簡単です。
- 私は MagicConnect を使っています。とにかくタイムラグがほとんどなくサクサク操作できるところが良いです。デュアルモニターの環境ですが MagicConnect のディスプレイと手元パソコンのディスプレイの区別がつかなくなるくらいクリアです。
- 私は TeamViewer を有償にして使っています。オフィスも２画面、自宅も２画面、同じように映ります。画面間のファイルの遷移も若干の制約はありますが行き来できます。いろいろなリモートのソフトを試しましたが、文字入力が安定している印象で決めました。
- TKC や JDL のお任せシステムを利用していれば、この辺りを税理士が担当する必要はないのですね。メーカー側の技術者が設定してくれます。独自の IT 化に拘っているのはマニアの人たちなのか、IT も理解したいという知的好奇心なのか。お任せシステムに任せるか否かについてはコスト的な問題を超える税理士の発想の違いがあるように思います。
- システムは業者に任せて税理士業で稼ぐのが本来の税理士業ですが、社会が IT 化をさけぶときに、全てお任せで知識を習得しないのも、少しもったいないと思います。自分の世界が簿記会計と税法だけになってしまう。みながさわぐ IT の知識にも興味があります。

2022/8/21

実務に役立つクール な話題　**介護老人ホームでコロナ隔離されている場合の遺言書の作成**

テーマ　父親が高齢者ホームに入所しているが、コロナの感染防止のため

に家族でさえ面会不可の状態です。公正証書遺言を作成したいが、本人面会が困難な状況では公証人の面談も難しい。

● 公正証書遺言は公証人の面前でしかできないので、自筆証書遺言によるしかないと思う。状況に応じて電話（オンライン）と郵送を組み合わせた方法でも確認できるが、識別情報がなく、本人確認情報を利用する場合は面前確認が必要になる。

● 自筆証書遺言の場合は、目録は印刷物でOKだが、本文の筆記が困難な状況なのでハードルが高い。妻に全財産を相続させる旨の1行の自筆証書遺言を高齢者ホームで作成してもらった経験はあるが、そうでない限りは難しい。

● 死因贈与契約書に当方分の押印をして郵送し、父親に押印して貰えば良いと思います。死因贈与契約書ならパソコンで全文を作成することが可能で、所有権移転登記を執行者が申請することも可能です。その場合は死因贈与契約書に「私署証書に押印した贈与者の印鑑証明書」を添付することになります（登研566号）。

● 「死因贈与証書作成の方法は、死因贈与証書を作成し執行者を定め自署して実印を押印し印鑑証明書を添付しておけば、死亡証明書（除籍謄本）、死因贈与証書（印鑑証明書添付）、執行者の委任状（印鑑証明書添付）で登記できます。民法554条によって遺贈の規定が適用されますので、税金も相続に準じます。欠点は、登記の際の登録免許税率（固定資産税評価額の1000分の20）が割高になることです（相続の税率は1000分の４）」と登記のプロが語っています（『三代目司法書士乃事件簿』岸本和平著・風詠社）。

2022/8/21

実務に役立つクールな話題　**株主に個人を含む完全支配関係における配当や解散の課税関係**

テーマ　個人とＡ社で100％支配するＢ社だが、これは完全子法人株式として配当所得の全額の益金不算入と、グループ法人税制による解散の場合の青色欠損金の引き継ぎの適用があるのか。

● 一の者による直接間接の100％支配関係があれば、一の者が個人株主であっても完全子法人株式です。したがって、配当期間につい

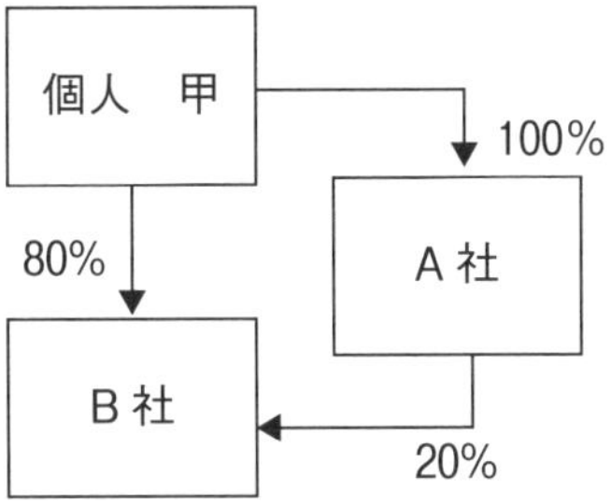

て継続して株式を所有していればＡ社が所有する20％の株式について配当収入の全額の益金不算入の適用が受けられます。

- Ｂ社がＡ社に配当を行う場合の源泉徴収は免除されます。完全支配子法人株式についての配当は源泉徴収を不要とする改正がありました。令和５年10月１日以後に支払を受けるべき配当等について適用されます。Ｂ社は、甲とＡ社の資本関係を把握しなければなりませんが、それは毎期の法人税申告書に添付が義務付けられている100％資本関係図の作成で把握できているとの建前があります。
- Ｂ社が解散した場合は、Ａ社はＢ社の青色欠損金の20％を引き継ぐことが可能です。繰越欠損金の引継ぎは、解散した法人と株主法人との間に完全支配関係がある場合に限られますが、直接に100％の支配関係がある必要はなく、一の者の支配を合わせて間接的に100％になればグループ法人税制の適用があるからです。設例の場合なら20％分の青色繰越欠損金の引継ぎができます。ただし、解散までの間について５年50％超の支配関係が必要です。組織再編成税制における青色欠損金の承継について必要な５年50％超要件は解散でも適用されます。
- 解散に先立って、個人甲が所有する80％の株式をＡ社に譲渡しておけば、Ａ社はＢ社の青色欠損金を100％について承継できます。
- 解散直前の株式の移動は気になりますが、節税目的以外に合理的に説明できる会社経営上の理由がなくても大丈夫ですか。
- そもそもＡ社とＢ社は直接合併することが可能です。その場合は青色欠損金を100％承継できるわけですから、解散で100％の青色欠損金を承継しても否認されるとは思えません。

実務に役立つクールな話題 **詐害行為取消訴訟を起こされたら負けるのか**

テーマ　詐害行為取消請求訴訟は難しいと聞いているが、これが認められることがあるのか。リスケで一息つき、コロナ特別融資も受けた。資金繰りが一時的に楽になっても、そもそも経営改善が困難な経営環境。いよいよ元本返済も始まりそうなので自宅の持ち分を息子に贈与する。

● 贈与はダメです。無償の行為は取り消しても誰にも損失が生じません。裁判所は元に戻すべきと判断します。

● いや、しかし、それは詐害行為の訴訟が起こされたときの話です。20年以上の婚姻期間があれば、ダメ元で配偶者への贈与をやってしまうのも１つの方法です。銀行員は、抵当権の設定を怠ったミスがあるので、詐害行為の訴訟提起の稟議書は書かないと思います。

● 破産手続の否認権訴訟と詐害行為取消訴訟は同じですね。私が関わった倒産事件における否認権ですが、管財人の訴訟を見ていると、ほとんどの事件で管財人が勝訴しています。

● 管財人は国の執行機関ですから、裁判所も管財人の味方をします。私が管財人を手掛ける法律事務所に勤めていたときは、債権確定訴訟を担当しましたが、裁判所は当然に管財人の味方と思い込んでいました。それと民間の争いである詐害行為取消権は違います。管財人は否認権の対象を探して掘り起こしますが、普通の債権者は詐害行為取消訴訟までは起こしません。

● 「管財人と一般人」の争いでは管財人が勝ち、「課税庁と納税者」の訴訟では課税庁が勝ち、「管財人と課税庁」の事件では管財人が勝つ。それが一般的な傾向です。裁判所が依怙贔屓するというより、裁判所も理解可能な理屈で判決を書く方が無難だからです。

● 破産の否認権なら、裁判所の思考過程で判決が書けます。税務訴訟なら、課税庁の言い分を認めた方が理論的なリスクが少ない。裁判所だって他人の土俵に踏み込んだ理屈を書くのは面倒です。学者に笑われるような判決は書きたくない。

● それにしても詐害行為取消訴訟は、それなりの金額の争いでないと弁護士が嫌がります。貸した、売ったという単純な訴訟に比べれば面倒な訴訟です。しかし、贈与では、詐害行為の訴訟が起こされたら勝てません。裁判所や弁護士が登場する可能性のある処理には口出ししないのが専門家の生き残りの道です。

2022/8/23

実務に役立つクールな話題 **外国会社の日本における代表者の登記と法人税の申告義務**

テーマ　外国会社だが、日本における代表者の登記が必要になる場合がある。日本で取引の当事者としてサインする必要があり、日本における代表権限の証明のための資格証明だ。会社法上の役員ではないので支配人と同等の登記と定義できると思う。しかし、そのような登記をすると代表者の存在が恒久的施設に該当して法人税の申告が必要になると聞いた。

● 会社法では、外国会社の日本における代表者は、その外国会社の日本における業務に関する一切の裁判上又は裁判外の行為をする権限を有する（会社法第817条）。そのような法律構成を理由に代表者の存在が恒久的施設に該当すると認定するのだと思う。

● 日本で登記してしまうと、日本での法人税の申告義務が生じてしまう。そこで多額の納税が生じると困るので、代表者の登記をしていないこともあるようだ。どの範囲の所得を日本の所得として取り込むのか、そのような問題を生じさせると面倒だ。

● 海外IT企業は、この懸念を取り払うべく法務省と水面下で調整を重ね、代表者は決めるが、その権限に制限をかけることで企業側の税務リスクを回避する案で落ち着いたと聞きました。ただし、国税庁のお墨付きは得ていないようです。

● 「その権限に制限をかける」とは、具体的にはどういうことなのでしょう。会社法817条では、代表者の権限に加えた制限は、善意の第三者に対抗することができないとしています。

● いずれにしても、日本における代表者を定めて、その事実をもって恒久的施設と認定されても、日本に帰属する利益がなければ課税所得は発生しない。実際の活動内容次第ということだと思います。

● 顧問先の外国会社の方と相談しました。法令を遵守したいので、代表者の登記をして、その上でゼロ申告することにしました。ゼロ申告することにより、やぶ蛇にならないか心配です。顧問先は日本では事業活動は一切行っていないと言うので、これを信じるしかありません。

● 日本の代表者は会社の為に取引をしている。それが「利益」に結びつかないはずはない。従前の実務で積み上げた恒久的施設に帰属する利益と同様に注意が必要なのだと思う。

2022/8/24

実務に役立つクールな話題 **前任の税理士のミスを指摘するか**

テーマ 新たな顧問先法人の申告書を見ると、給与総額がかなり増加しているのに特別控除の適用がない。雇用促進税制の適用漏れだと思うが、これを社長に指摘すべきか。更正の請求が認められないので前任の税理士に対する損害賠償請求になってしまう。

● 私なら、そのままにしておきます。やぶ蛇になるかもしれないし、同業者を責めるようなことはしたくありません。明日は我が身ですから。

● しかし、こちらから言っておかないと善管注意義務違反になってしまう。さらに、今年の申告で雇用促進税制を適用すれば、昨年度の処理のミスが露見してしまう。

● スルーするべきではないですが、見なかったことにするかもしれません。全ては金額の問題です。自分に火の粉が降りかかってこないように振舞います。

● 前任の税理士も税理士職業賠償責任保険に入ってるはずだから、損害賠償請求してみてはどうかと言いました。しかし、私が経験した事例では限度額1000万円しか加入していなかった。

● 社長に伝える前に前任の税理士に伝える。いや、ダメですね。話を難しくしてしまう。後の処理で回復できる処理なら無視します。例えば、減価償却費の計上漏れですが。しかし、回復できない処理は社長に告げるべきでしょう。そこで前任の税理士を訴える社長なら、私も注意して付き合わなければならない。

2022/8/26

実務に役立つクールな話題　**税理士職業賠償責任保険の重要性**

テーマ　taxML で税理士職業賠償責任保険の重要性の話題がでたときに、保険代理店に連絡し、補償額を引き上げました。補償額1000万円と限定して加入している税理士も多いと思います。

● 私の顧問先は小さいからと言いますが、小さい顧問先でも賠償額が小さいとは限りません。私はミスをしないなんて語るのは個人タクシーの運転手にもいません。最大額の保険に入っておくのが常識だと思います。

● 保険の優先順位を考えれば「税理士賠償保険＞＞＞火災保険＞＞＞生命保険」の順番です。火災保険は限度額のある話で、私が死んだところで誰も困らない。

● 火災保険も生命保険も身内のための保険で、賠償保険とは性質が違う。同じ賠償保険での比較をすると「自動車任意保険＞＞＞個人賠償保険＞＞＞税理士賠償保険」の順番です。

● 私は任意保険未加入車を一瞬だって運転できませんが、全国の加入率は75.1％。個人賠償保険にいたっては認知率でさえ62.7％という調査結果もある。それと比較すると税理士賠償保険の加入率が個人で52.46％、税理士法人で86.26％なのは仕方ないのかなと。それも限度額1000万円という保険を含めての加入割合です。

● 廃業をするからと更新を止めてしまう。あるいは途中解約してしまう税理士がいる。これはダメです。いくばくかの保険料は節約できるが、補償が切れてしまう。解約しなければ廃業後も10年は補償が続きます。

● 私は、税理士を被告とする損害賠償請求事件の代理人（弁護士）をやっていますが、賠償保険に満額で加入して頂いている事件は楽しい裁判です。後ろを気にせずに戦える戦争と同じ。弁護士の着手金から成功報酬まで保険会社が支払ってくれました。

2022/8/27

実務に役立つクールな話題　**適格請求書発行事業者の登録番号の確認**

テーマ　取引先について登録番号を確認するよう顧問先を指導しますか。取引先が名の知れた大手であれば確認するまでもないと思いますが、中小企業や個人事業者の場合は一度は確認するよう指導すべきかどうか。

- 登録番号が嘘であったとして致し方ないのかなと。継続取引先でそんなことがあるはずもなく、仮にあっても嘘をつくなんて何件あるのか。登録番号は書いてあれば仕入税額控除をとる。これは問題ありますか。
- 確認した方が良いと思います。仮に、嘘の番号だったら取引額の10％の税金を納めないといけない。年間200万円の取引でも20万円。経理職員の１か月分の給与の金額です。
- やはり金額によってでしょうか。スポットでも金額が大きければ調べる。継続でもチリも積もればなので調べる。喫茶店の領収書は調べない。日常仕事をしていてどこまで疑うかということかと思います。
- インボイスに嘘の登録番号を書かれていたら相手を訴える。そんなこと考えずに調べたほうが早い。そういう意見もありそうです。
- 経過規定によって最初の３年間は免税事業者からの仕入でも80％の仕入税額控除が認められ、さらに、その後３年間は50％の仕入税額控除が認められる。細かい支払いについては徐々に精度を上げていくイメージでいます。

令和５年10月 ―― 令和８年10月 ―― 令和11年10月

50％控除　　　50％控除

- 当初３年間なら年間200万円の取引で否認される金額は４万円。登録番号を確認する時間がもったいない。調査が入ったら課税庁に否認額を計算してもらう。事務効率を重視したらそうなりませんか。
- いままで口頭で取引していて何の問題もなかった。せいぜいが請求書と領収書。これからは適格請求書のやり取りが必要になり、そこに書かれた登録番号の確認が必要になる。そんな面倒な制度が機能するのだろうか。

2022/8/27

実務に役立つクールな話題　**判断能力に疑いのある相続人がいる場合**

テーマ　精神障害者保健福祉手帳３級の相続人（子）がいます。成年後見人を立てると一生お金がかかるので立てたくない。判断能力があるという医師の診断書があれば、分割協議は行えるのか。

● 遺産分割協議についての判断力があるか否か。そういうことについて医者には診断書が書けないと思います。そもそも知能の問題なのか、統合失調症、躁鬱のいずれかで法律的な判断能力は異なる。しかし、遺産分割の意味が分かっているか否かを判断するのは身内の家族でしょう。私は自分の氏名が書ければ一般社会では判断能力があるとして処理するとアドバイスしています。

● 政府の宣伝にもかかわらず、成年後見制度の利用者は少ない。想定される認知症の高齢者や知的障害者など制度の対象者およそ1000万人に対して２％しか利用していないという報道があります。

● 成年後見人が登場してしまうと、法定相続分を請求するだけではなく、それが被後見人の為にも有効に利用されません。後見人の義務として財産は細く長く維持する必要があるので、本人の為にも必要最低限の支出しか認めません。

● 「精神障害であって、日常生活もしくは社会生活が制限を受けるか、日常生活もしくは社会生活に制限を加えることを必要とする程度のもの」が３級程度という解説があります。３級ならば金銭管理はできる。しかし、日常的な金銭管理ができることと、相続財産の分割を理解することはレベルが違うのでしょう。小学生にも金銭管理はできますが、遺産分割はできませんから。

● 精神障害１級ですが、一人暮らしをしていて、お金の管理も自分でしている。父親の相続のときは、特に医師の診断書もなく、遺産分割協議書を作成しました。障害の程度にもよるのでしょうが、相続人間で意思能力の有無が問題にならないようであれば、後見人はたてずに分割協議をしてよいのではないかと。

● いずれにしても本人とお話をしてみる必要がありますね。話をしてみて違和感がなければOK。

● いや、違います。税理士には精神障害の診断はできません。逆に、会ってみて違和感を感じたら困ります。この辺りは家族に任せて、依頼された遺産分割協議書の書式は作成するとして、署名や押印は家族に担当して貰うのがリスク回避です。

2022/8/27

2022年8月28日〜9月3日

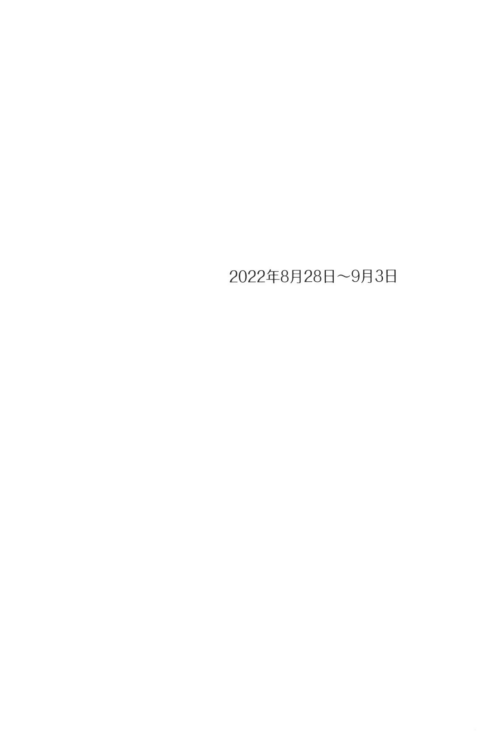

実務に役立つクールな話題 **法人税の税務調査の非違割合の疑問**

テーマ　国税庁が発表した「法人税等の調査実績の概要」では令和元年の実地調査件数が７万6000件で、非違があった件数が５万7000件。私は法人税の調査があった場合は90%について修正申告が必要になると認識しているが、それは私の認識が古いのか。

- 過大申告と、過少申告になる間違いは標準正規分布なので50%は過少申告のはず。さらに過大申告の動機はなく、過少申告の動機はあるので、過少申告は75%を超えるはず。さらに決算書を見て臭いところを調べに来るのだから調査対象になったら90%は過少申告。
- 税務職員も調査に来て何もありませんでは困る。最後の最後には期間損益計算項目を発見し、いや、期間損益計算事案を作り上げてでも修正項目を指摘してきます。期間損益計算項目なら税理士も受け入れやすい。
- ５年に一度は調査にくる法人税と、教育的な効果を狙う所得税、それに相続税では否認割合は異なりますが、相続税の調査を受けた場合に完全に是認の割合は少ない。
- 相続税について調査割合が少ないことを自慢している事務所がありますが、少額な相続税の申告書が大部分なことと、相続税額30万円というより、300万円といった方が納税者にも納得感（私は資産家）がある。そのような背景事情があるような気がする。
- 調査を受けない申告が正しく、調査を受けても是認される申告が正しい。しかし、それは過大申告なのかもしれない。税務調査で是認された場合は見直し税理士の出現を恐れた方が良いと思います。

2022/8/28

実務に役立つクールな話題 **コロナ禍の調査の現状**

テーマ　この２年間について税務調査の立ち会いはゼロ。それは無理だったと思いますが、どんな環境で立ち会うのですか。会議室に入って貰って連絡は内線電話で受けるのか。

- 半日程度の訪問で書類の持ち帰りが増えています。入口と窓を開けて換気してもらいます。ZOOM の対応はできないかと聞いたが、税務署にはそのようなシステムはないとのこと。

● 先月から今週までの調査では普通にやっている感じです。担当官も、もうほぼ普通だと語っていました。ただ、同じ部門で発熱者が出た日には引き揚げてPCR検査待ちになりました。

● サラリーマンは感染しても欠席届で済んでしまう。税理士と事業者は感染すれば閉店の張り紙です。いま感染したら、今までの2年間の自粛と神経質な生活の意味がなくなってしまう。感染して後遺症が生じたら人生の失敗になってしまう。

● 臨場しての調査の仕方はコロナ前と同じになりました。担当者の出勤日に配慮したり、担当者との面談をWebでOKにするなどの差はありますが。

● これって「公務員対サラリーマン（大会社）」の税務調査だと思います。上司の指示に従い、組織的に行動する人たち。「公務員対自営業者」だったら、今時の税務調査なんて断ります。どんな背景事情にあるか不明の税務職員2名と会議室で1日を過ごす。感染者数が増え続ける現状（令和4年8月29日現在）において1日をかけての個室での調査は異常です。

● 公務員としては前年実績があり、上司の命令があり、同僚が現実に調査を実行している実績がある。しかし、会社と税理士が断れば調査はできない。私は、調査は断っています。脱税指向の会社ならともかく、3年に一度、5年に一度の消化試合に付き合うのは無駄です。

● 対面調査を断りましたら、3期分の元帳と領収書などの関係書類を預からせて欲しいという要望に変わりました。いまどきですから元帳の提出を断る時代でもなく、それに応じることにしました。コロナ禍でなくても、元帳を持っていって勝手に調査して貰った方が気が楽です。

2022/8/29

実務に役立つクールな話題　**小さな会社で実行する分掌変更退職金**

テーマ　小さな会社の平取締役が70歳になるので退職を検討している。退職金を支給後も在籍する場合は、経営上主要な地位を占めておらず、給与が50％以上減少していれば問題ないと考えている。

● それに加えて出勤日数や取引先との折衝が激減するなどの「状況証拠」も必要と思います。

● 状況証拠などという不確定要素で1000万円、2000万円の退職金を支払うのは単なる冒険。①取締役の登記を抹消し、②会社内でも対外的にも役職を名乗らず、③会社への出勤を最大限で週に２日に制限し、④給料は最短でも２年間はゼロにする。それができず、いままでの勤務を続けるのなら退職金を支払う必要もない。

● 代表取締役と親族関係がなくても分掌変更退職金はリスクはあるのか。

● 通達が定めた形式も必要ですが、なぜ、退職金を支払った後に勤めて貰うのか。退職するから退職金なのであって、勤務を続ける場合を退職とは言いません。なぜ、退職後も出社して貰うのか。その経営判断が必要なのです。これが医者で診療を続けるのならOKですが、経理担当で経理を続けるのならNOでしょう。従前の仕事と変わりはありません。

● 実際は分掌変更退職金は日本中で実施されてますし、平気で実行している税理士は多数います。それに対して分掌変更退職金が否認された公表事例は数件です。

● 窃盗犯だって常に捕まるとは限りません。ただ、一度の万引きが認められると、次にも万引きしてしまうのが人間の弱さ。原理原則を押さえない妥協の処理は危険です。

● おいそれとは否認されませんが、しかし、退職金は否認された場合の影響が大きい。損金不算入、退職所得が給与所得になり、源泉所得税の不納付加算税。会社が分掌変更退職金のリスクを実感として認識してくれるかは不明。退職金を支払うのなら退職する。その原理原則を守る強い経営判断が必要です。

2022/8/29

実務に役立つクールな話題　**不正行為等に係る費用等の損金不算入制度の影響**

テーマ　令和４年度税制改正の「不正行為等に係る費用等の損金不算入制度の改正」は影響が大きい。隠蔽仮装行為に基づく確定申告書が提出された場合には「保存する帳簿書類等によりこれらの額の基因となる取引が行われたこと及びその額が明らかである場合」を除き「確定申告書に記載しなかった費用の額」の損金算入が否定される。

● 裁判例では「簿外経費」は納税者側の立証責任と解する場合が多い。しかし、現場の実務では、納税者から簿外経費の主張があった場合は、簿外経費の不存在を調べなければならない。なぜなら、課税処分が取消訴訟で争われるときは、簿外経費も必要経費として認められてしまうからだ。

● そこで、政府税制調査会の議論を踏まえて「簿外経費の存在が帳簿書類等から明らかでなく、課税当局による反面調査等によってもその簿外経費の基因となる取引が行われたと認められない場合には、その簿外経費の額を損金の額に算入しないこととする措置を講ずることとされた」と解説されています。

● 今回の損金不算入制度と合わせて、帳簿が不十分、あるいは調査時に帳簿を提出しない場合について、加算税が加重される改正もありました。両制度とも簿外取引についての課税強化です。

● いや、しかし、記帳していれば救済されるのは当然として、請求書や領収書などの取引資料を保存していれば、簿外取引であっても損金不算入の対象外です。適用されるのは取引関係書類を破棄してしまった人たちだけ。税理士の顧客には影響のない改正です。

● 消費税では、調査の段階で提出しない資料は無視されることになっている（東京高裁令和２年８月26日判決）。今回の制度は、どのように位置づけるべきなのか。

● 裁判所の立証責任に踏み込む改正なので忍び足ですが、最終的には簿外経費の後出しは認めない。そのような制度に発展させるのだと思います。調査の拒否で仕入税額控除の全額が否認されるのが消費税ですが、財務省は、法人税についても消費税の理屈を導入したいのだと想像します。

2022/8/29

実務に役立つクールな話題　**別表２に遠い親戚の名義が残っている**

テーマ　会社の株主名簿（別表２）に、とっくに亡くなっている社長の叔父の名が記載されている。叔父の株を整理したいが、叔父の子とは疎遠で、株の存在も知らないと思う。

- 平成２年の商法改正前は、発起人数に制限があったので、名義だけを借りて設立するケースがありました。その名義が残っている可能性が大きいと思います。
- 「他人の承諾を得てその名義を用いて株式の引受がされた場合においては、名義貸与者ではなく、実質上の引受人が株主となるものと解すべきである」と判断する最高裁昭和42年11月17日判決があります。
- 判決がありますが、私は名義人が株主だと思います。会社との関係では払い込みをした者が株主です。「君の名義を借りる」。これは君が形式上の株主になってくれという意味だと思います。そして「君が株主」と認定されたら消滅時効は成立しない。だから、名義を元に戻す処理の提案と、その場合の合意書の作成は難しい。甥が「父が株主だ」と言いだした場合です。
- 別表２を勝手に書き換えてしまう方法はありますが、書き換えに加担すれば犯罪です。いや、別表２を書き換えるだけでは犯罪にならないですね。横領にも、詐欺罪にも、法人税法にも違反しない。
- 叔父の名義になっている株を社長の名義にするのだから、相続財産を増やすことになるので税務署は何も言わない。その程度の企業規模なのか、どの程度の価値があるのか、程度の問題ですが、しれっと別表２を書き換えて、苦情があったら誰が株主かを協議すればよいと思います。

2022/8/29

実務に役立つクールな話題 **保佐人が付されている場合の遺留分行使の要否**

テーマ　３人の子が相続人だが、その内の１人が精神障害のため保佐開始の審判を受けている。遺言があるが、被保佐人に相続させる財産は遺留分を満たさない。本人が「俺は遺言に書いてあるだけで充分」と言っても、保佐人は同意できないものか。

● 保佐人には同意権（民法13条）はありますが、代理権はない。何かをするという場合なら同意しないことで中止させることが可能だが、本人が遺留分侵害額を行使しないという場合に、保佐人が積極的に行使させる権限はない。

● 保佐人（司法書士）に話を伺ったところ、家庭裁判所から遺留分侵害額の請求は必ず行うべく保佐するようにと強く言われているとのことでした。

● 本人が遺留分侵害額の請求をしないようなら、成年後見人制度に処理を移行しなければならない。そのように家庭裁判所は考えているのだと思います。家庭裁判所は後見的な判断をする役所なので、被保佐者の不利益な事象が生じることを黙認することはできません。

● 成年後見人に限らず、保佐でも、補助でも、家庭裁判所が参加した以上は、民法相続編を守るのが正義です。家庭裁判所は要保護者の権利を守るという原理原則を曲げません。

2022/8/29

実務に役立つクールな話題 **Ｍ＆Ａで取得した子会社を吸収合併する場合の落とし穴**

テーマ　親会社が100％子会社を吸収合併するが、この会社はＭ＆Ａにより最近に外部から購入した会社。注意すべき事項を教えて欲しい。なお、異業種であって共同事業要件は満たしません。

● 100％支配なので適格合併ですが、５年50％超の支配関係がないので子会社と親会社の青色欠損金と含み損の使用が制限されてしまいます。

合併存続会社 含み損と青色欠損金の 使用制限	← 合併	合併消滅会社 含み損と青色欠損金の 引継ぎ制限

- 子会社を合併する際に、5年50％超の支配関係に欠けると青色欠損金は承継できない。しかし、子会社を存続会社とする逆さ合併が行われてしまうと脱法ができてしまう。そこで、この場合は、合併存続会社の青色欠損金の使用を制限する。同様に、合併存続会社の含み損の実現も禁止されることになる（法人税法57条4項、同法62条の7第2項2号）。
- 子会社株式を、子会社の純資産より高額に取得した場合でも、差額を損金に計上することは認められません。子会社株式の簿価は資本金等の額との相殺になります（法人税法施行令8条1項5号）。
- 適格合併にはなるが、5年50％超の支配関係がない。これは最悪の組織再編成になってしまう可能性があります。適格要件は満たすが、5年50％超の支配関係は満たさない場合のペナルティ（落とし穴）は影響が大きい。

③　適格要件を満たさない。＝時価承継

②　適格要件は満たすが、5年50％超の支配関係は満たさない。
＝ペナルティ（落とし穴）

①　適格要件を満たし、5年50％超の支配関係も満たす。
＝安全（含み損利用制限なし）

実務に役立つクールな話題　**グループ法人税制は本支店の貸借勘定の理屈**

テーマ　100%子会社を適格合併する場合に、なぜ、子会社出資金と同額について、親会社の資本金等の額を減額するのか（法人税法施行令8条1項5号ハ）。

● 辻褄合わせのためでしょう。自己株取得でグループ法人税制が適用される際に、譲渡損益部分を、資本金等の額で調整するのと同じ類のものではないでしょうか。

● 違います。グループ法人税制における子会社は「貸借勘定」なのです。資金を出して子会社を作る。それは資金を出して営業所を作るのと同じです。だから逆の仕訳は資本金（貸方）を減らして、出資金（借方）を減らす。自己株式は1社内の資本取引ですが、2社が関係するグループ法人税制とは制度の趣旨が異なります。

● 業績悪化で子会社の資産がゼロになってから吸収合併をした場合に出資金の消滅損を認めない理由も不明だ。消滅損を認めない代わりに、子会社欠損金を引き継ぐことで調整しているのか。

● 違います。理屈は本支店の貸借勘定です。青色欠損金は、本支店の貸借勘定だから承継できるのです。解散した場合の処理も、貸借勘定だから子会社の青色欠損金を承継できるのです。

● 本支店会計だから、本店が支店に資産を譲渡しても、その譲渡損益は実現せず、寄附金を支払っても、寄附金の損金不算入と、受贈益は益金不算入になります。

2022/8/31

実務に役立つクールな話題　**法人に使用貸借で貸している場合の借家権控除**

テーマ　社長が会社に使用貸借で土地を貸している。使用貸借ですが、その場合でも借地権控除が可能とする説がある。相続税の申告で底地評価をしているという実践事例もあります。では、無償で建物を会社に貸与した場合は借家権控除や貸家建付地評価減が可能なのか。

● 法人を契約の当事者にする場合は使用貸借でも借地権を認識する。これが法人税法の作りです。たとえば、法基通13－1－14は「借地権の設定等に係る契約書において将来借地を無償で返還することが定められていること又はその土地の使用が使用貸借契約によるものであること（いずれも13－１－７に定めるところによりその旨が所轄税務署長に届け出られている場合に限る。）」と定めています。つまり、使用貸借の場合も無償返還届の提出が必要だという理屈です。

● その理屈には大いに疑問がある。借地権価額を認めるのは、借地法が適用され、借地契約の法定更新が認められ、容易には明け渡しが認められないことや、それなりの手続をすれば借地権が譲渡できることが理由です。使用貸借には、そのような権利は存在しません。

● 昭和48年以前は、使用貸借についても借地権が認識されていた。それが昭和48年11月１日付の「使用貸借に係る土地についての相続税及び贈与税の取扱いについて」で変更され、使用貸借には借地権を認識しないことになった。しかし、昭和48年以前に借地権を認識した土地について相続が開始した場合は、借地権が存在しないものとして相続税を課税したら不合理なので、経過的取扱いとして「従前の取扱いにより……借受者に贈与税が課税されているもの」については、土地価額から借地権相当を控除した価額に相続税を課税することにした。

● なるほど。相続税と贈与税の分野では、使用貸借について借地権を認識しない取り扱いに変更した。継続的な処理を必要としない相続税では、その次の相続に限っての経過的な取り扱いで対処できた。しかし、貸借対照表で継続管理する法人税法では、そのような理屈の乗り換えは難しい。

● 昭和48年以前の使用貸借については借地権を認める。だから相続事案で借地権控除する実務が認められている。しかし、昭和48年以降、つまり、現時点で法人に土地を使用貸借したら、法人に受贈益課税が生じるのか。そのような課税を聞いたことがない。

● 使用貸借している土地に借地権控除を認めるのなら、建物を使用貸借で貸している場合も借家権控除や貸家建付地評価減を認めないと辻褄が合わない。

● 常識的には、使用貸借について借地権控除を認めるのは昭和48年以前の契約に限り、それ以降の契約については借地権控除を認めない。そのように理解しないと無償で貸与している家屋についての借家権控除の理屈と矛盾します。

2022/8/31

実務に役立つクールな話題　**親の土地を使用貸借で借り受けて駐車場を経営**

テーマ　親の土地を使用貸借で借り受けて駐車場を経営する。そして駐車場の収益を子の所得として所得税を申告してしまう。これが可能なら所得分散が可能になる。

● 大阪地裁令和３年４月22日判決です。東京税理士会の機関誌の「東京税理士界（令和４年９月１日号）」が要旨を紹介しています。

● 所得税法12条の「実質所得者課税の原則」との関係が気になります。税法の常識では、収益を生む元本を所有する者が、その元本の果実を取得すると理解します。その理解なら駐車場収入を得るのは親です。

● 裁判所は、それと異なる判断をしました。子は父から土地の使用収益権を与えられたことになる。そして、子は「土地の使用収益権に基づき、第三者との間で賃貸借契約を締結し、本件各土地の賃借人から各駐車場収入を得ることになる」と判示して、「土地の賃貸借に関する民法上の法律関係を、所得税法12条の規定に照らしてみると、子は、『資産又は事業から生ずる収益の法律上帰属するとみられる者』に該当するというべきである」と判断しました。

● 「資産又は事業から生ずる収益の法律上帰属するとみられる者が単なる名義人であって」という所得税法12条について、「収益の法律上帰属するとみられる者」を父と認識するか、子と認識するか。

● そこが課税庁と裁判所の判断の分かれ目です。経済的実質で考えれば父、民法上の契約関係で考えれば子。裁判所は民法上の契約関係に従って子と判断した。

● いや、しかし、それを認めたら土地に限らず、現金を無利息で子に融資し、子が銀行預金をして利息を得る方法が認められる。子にアパートを使用貸与して、子が家賃を得る方法も認められることになる。

● 控訴審の判決を待つことになりますが、地裁判決が維持されたら税法の秩序が壊れます。その場合は、賃料相当を得る経済的な利益について子に対して相続税法９条を適用することになる。その場合は賃料総額に贈与税が課税され、さらに所得税が課税されるので子の税負担は大きくなる。

● それにしても裁判官に税法の大前提を理解してもらうのは難しいところがあります。所得税法12条を文字として読んだら、現実に第三者から賃料収入を得ている「収益の法律上帰属するとみられる者」は子になってしまう。しかし、何のために所得税法12条が存在するのかと考えたら名義上の処理によって行う所得分散の防止であることは明らかだと思います。

――― 大阪高裁令和４年７月20日判決で逆転しました ―――

● 高裁が地裁判決を取り消した理屈は次の４点で、税法的には常識に属する判断ですが、その常識を裁判所が文書化しようとすると大いに難解な理屈になってしまうのが裁判という手続です。

① 「駐車場収入は、本件各土地の使用の対価として受けるべき金銭という法定果実であり（民法88条２項）、駐車場賃貸事業を営む者の役務提供の対価ではないから、所有権者がその果実収取権を第三者に付与しない限り、元来所有権者に帰属すべきものである」。

② 「相続税対策を主たる目的として」「所得を子」に「形式上分散する目的で、同人らに対して本件各使用貸借契約に基づく法定果実収取権を付与したものにすぎない」。

③ 「本件各土地の法定果実収取権の付与を継続していたこと自体が」「所有権者として享受すべき収益を子に自ら無償で処分している結果であると評価できるのであって、やはりその収益を支配していたのは亡甲（所有者）というべきである」。

④ 「平成26年２月以降の本件各駐車場の収益について」は、子は単なる名義人であって、その収益を享受せ」ず、所有者が「その収益を享受する場合に当たるというべきである」。

実務に役立つクールな話題　**無償返還届を提出した土地の売却**

テーマ　代表者が土地を会社に賃貸し、その土地の上に会社が社屋を建設している。賃貸借契約については無償返還届が提出されている。この土地を売却することになった。そのような相談事例が東京税理士会の機関誌である「東京税理士界（令和４年９月１日号）」に紹介されている。

● 「借地権の存在とその価額は、各々別個に検討する必要があり、無償返還に関する届出書を提出していることにより相続税及び贈与税の評価額が零になることと、譲渡における取引価額にまで当該評価の思考を踏襲すべきことを要求しているものではない」と説明して、売買代金は精通者意見価格等で総額を按分すると解説している。

● それは間違いでしょう。無償返還届は相続税と贈与税に限定した取り扱いではなく、法人税基本通達13－１－７でも「借地権の設定等に係る契約書において将来借地人等がその土地を無償で返還することが定められており、かつ、その旨を借地人等との連名の書面により遅滞なく当該法人の納税地の所轄税務署長に届け出たときは」と規定しているところです。

● 東京税理士界の解説は平成29年６月27日裁決を紹介しています。「無償返還の届出がされた土地上の借地権等は、経済的価値を有しないものであるといえるから税務上資産計上すべきものとはいえず、そのような税務上資産計上すべき借地権等の取得はないとされた土地を地主が借地人に譲渡した場合には、その価額は第三者との間で成立する通常の取引価額とは異なり、更地価額によるべきことになるのは当然である」。これが正しい解釈でしょう。

● 無償返還届が提出された場合の借地権価額はゼロ。しかし、無償返還届は税法上の取り扱いであって、借地契約が当事者間で争われた場合は借地借家法が適用される。その場合は借地人は借地権相当の権利が主張できる（大阪地裁平成11年１月29日判決）。そのような判決はありますが、これは借地借家法の争いであって、税務には採用されません。

2022/9/1

実務に役立つクールな話題　**テレワークは緊急避難か、働き方改革か①**

テーマ　税理士事務所でもテレワークの話を聞くが、それはコロナ対応の緊急避難なのか、働き方改革なのか。

● 私の事務所の場合なら家族のコロナ罹患で濃厚接触者になった場合や、職員自身がコロナに罹患して10日間の外出制限を受けた場合、無症状だが外には出られない場合。それでも業務は止められない。

● 私は子育て中の職員にシステムを提供して自宅で仕事をして貰おうと思っています。テレワークの「手法・ツール」は何でしょうね。緊急避難と働き方改革と重なる部分もあるのでしょうけれども。

● テレワークが認められるのが良い職場。そのような雰囲気が生じている。中小企業が「うちはテレワークをやっています」というときは、有休は全部消化させていますという響きがある。ちなみに弊所も「週１日はテレワークにしています」。事業主としては、商売がうまくいくなら、事務所に出ても、家で寝転んでても、どっちでもいい。１日分の書類を持ち帰れば、事務所で働いて貰っても、テレワークで働いて貰っても同じ。

● テレワークでやれる仕事の出来具合や進捗が、事務所に来てやれる仕事に比べて劣化していると感じません。我々の仕事には、判断を伴う仕事がありますが、データ加工や処理の時間が一定程度必要になります。この工程は、議論しながらやることではないので、一人で黙々とできればいいのかなと。

● 事務所にいて電話が入ったり、所長にコピーやスキャナの指示をされて仕事が中断するより効率的でしょう。働く側にとって、テレワークはくびきから解放されるいい制度なのではないかと。事業主にとっては、仕事がうまく回転するなら、どこで仕事しても問題はない。他がテレワークできているのに、うちはできていないのと言われるのも困ります。

● 経営者の好みです。身近に職員を置いて「はい、これ」と仕事を進めたい経営者と、自分が担当する仕事を黙々と完成してくれれば良いと考える経営者と。それに仕事の内容の違いもある。税理士事務所は黙々型の仕事が多いのでテレワーク向きと思います。ベテラン職員に価値がある職場なので家庭の事情で離職されてしまうのも勿体ない。

● まずは、実践ですね。難しいシステムを組まなくても、書類とパソコンを持ち帰って貰えば可能な仕事です。希望者がいれば週１で実験を開始してもよいと思います。ただ、職場の条件は、一度与えてしまうと、元に戻せない。そこが判断が難しいところです。

2022/9/2

実務に役立つクールな話題 **テレワークは緊急避難か、働き方改革か②**

テーマ　最近に読んだ『拝啓　人事部長殿』（高木一史著・ライツ社）の著者が多数の会社にインタビューした働き方改革は次のような内容だった。富士通の「新卒採用の職種約束コース」、タニタの社内独立「個人事業という選択」、ANA の「副業制度」、ユニリーバジャパンの「WAA　いつでもどこでも働ける」、ヤフーの「時間と場所に捉われない働き方」、みずほ銀行の「週休３日・４日制」、ソニーグループの「社内募集」と「キャリア登録制度」、良品計画の「バックパス制度（再雇用の約束）」「カムバック採用（退職者の再雇用）」、NTT データの「ADP（高度専門職制度）」「TG（専門的役職）制度」、味の素の「味の素流　健康経営」。

● 富士通は JR 川崎駅前の拠点に愛犬を同伴して勤務できる部屋を設けた。そのようなニュースが流れてきたが、犬を連れた通勤を認めることが「働き方改革」だとは思えない。

● 実際には職場の環境が悪く、三密状態なのでテレワークをせざるを得なかった会社の方が多いと思う。テレビなどで紹介される大会社のオフィスは、大部屋に多数の人たちが密集していてコロナ禍での環境には不向きです。コロナ対応の緊急避難なのに「働き方改革」のように報道されている。

● 最近に読んだ一冊ですが、『仕事から見た「2020年」』（玄田有史）で、「宣言下にテレワークを開始した人の、その後の継続率を計算したところ、63.3％が宣言解除後（2020年12月時点）にはフルタイム出社に戻っていた」という分析結果を報告しています。「結局、期待していたほどには、日本の働き方は変わらなかったってことか」と。

- 大きな会社も困っているのだと思う。既存の働き方が多様な意味で否定されている。低金利が続いて利益の確保が難しくなった銀行、IT 技術者などを高給で雇うことが難しい平等主義、終身雇用が維持できなくなった変化し続ける環境、会社内で人材を育てる日本型メンバーシップ制の限界。その中でテレワークはどのように位置づけられるのだろう。
- 会計士は自宅からテレワークで監査を実行中だそうですが、当然のことながら面白くもない。子育て中、介護中などの理由があればテレワークは働く人たちにとって便利な制度ですが、そうでない人たちの働くことのインセンティブになるのか。
- テレワークが働き方改革の象徴のような形で導入されたので混乱しますが、メンバーシップ制の限界から生じたのが大企業の働き方改革。働き方改革の中にはテレワークもあるのでしょうが、テレワークが、即、働き方改革になるわけではない。どちらかと言えば、システムを売る会社で、IT 土方と言われる単純職を大量に雇う会社が旗を振っているように思う。
- それにしても働き方が変わる時代。自分自身は、これからサラリーマンになることはないとしても、子育ての指針としては、この2年、3年の変化は大きいし、その変化が続く「働き方改革」と将来の進路の選択は大きな課題だと思う。一つの会社に定年まで勤めるのではなく、売れる自分自身のキャリアを作り上げることが要求される時代です。

2022/9/2

実務に役立つクールな話題

名義預金という認定

テーマ　相続人（90歳の妻）が知らない妻名義の口座があり、被相続人の口座から資金が流れていることを税務調査で指摘された。その後、調査官から連絡があって、明らかに被相続人名義の口座から資金が流れた分だけを申告してもらえれば良いと。

- 脅かして増差税額を取るのが税務署。そのような発想は消滅したのでしょうか。コンプライアンスの時代なのか、異議申立を恐れているのか。
- 妻の口座3000万円は全て名義預金だと税務署は指摘する。その後、納得しない納税者に1000万円でどうかと打診し、それならと修正申告してもらう。平成以後はこのようなマイルドな脅し方になっているように思う。
- 現在進行中の調査で名義預金の指摘を受けています。口座は40年前に作られたもので、調査官はすべて父親のものであると主張してきました。父親から資金が流れた証拠もなく、父親の名義預金だと認定するのはハードルが高そうです。
- いや、資金の流れではなく、資金の出所でしょう。法律上の立証責任は、現状ではなく、取得原因です。誰が稼いで手に入れた資金なのか。家庭内の資金の移動や管理状況は説明になりません。
- 名義人に、その当時の収入があれば主張可能ですが、多くの場合は、それを立証するほどの収入がない。さらに、相続人本人の預金なら10年、20年と手を付けない預金が存在することが通常はあり得ない。
- 税務署の調査は名義預金で、国税局の調査は名義株。名義株については「吹っかけ」が調査手法です。吹っかけに負けて妥協すれば名義株、反論して理屈を持ち出せば、さらに議論が続く。名義預金の場合は誰が稼いだかで立証可能ですが、名義株の場合は稼いだカネではないので取得原因の立証が難しい。だから吹っかけです。
- いや、それにしても名義預金など税理士業をしていないと出会わない。自分自身が子名義で預金をするかと考えたらあり得ない。それも20年前に作られた口座で名義預金。何を恐れて名義預金を利用するのか。いろいろな人たちに出会えるのが税理士業の魅力です。

2022/9/3

実務に役立つクールな話題　**老朽化したアパートの処分**

テーマ　築50年の老朽化したアパート。所有者の母は90歳半ばになります。

身体は丈夫で元気ですが、空室が増え、ボロボロで新しい入居者は期待できません。

- 全ては地域性と、土地の値段ですが、子供たちが土地を有効利用する経営センスがないのなら売ってしまいます。有効利用は、自宅、賃貸物件、自分の店舗。先祖から承継した土地は心理的に売り難いのですが、それにこだわって貧しい生活をしている人たちは多いです。
- 我が家も賃貸物件を持っていますが、管理するのが面倒になったら売却してしまいます。建物を取り壊し、借金をして新築し、その返済に15年という自分の寿命は残っていません。ただ、いつ死ぬかを決めるのと同様に、いつ売るかを決めるのは難しい。
- 選択肢で売却を挙げると、こちらがびっくりするくらいに向こうはびっくりして、とんでもないと言う方多いですね。自分の代では売れないが、一方で子供は好きにすれば良いけどと言います。
- 自分で土地を買う度胸のない人は、自分で土地を売る度胸もない。買う度胸より、売る度胸の方が難しい。違う選択肢を与えれば良いと思います。介護老人ホームへの入所金です。いま子孝行の時代、娘にも、息子の嫁にもオムツの世話をさせない時代です。

2022/9/3

2022年9月4日～9月10日

実務に役立つクールな話題　**会社を解散、清算したいという相談**

テーマ　会社を解散、清算をしたいという相談があった。コロナ禍でもあり、社長も高齢なので会社を閉じたい。赤字会社だが、債務不履行になることもない。見るべき財産もない会社。わざわざ手間と費用をかけて清算手続をしますか。

● 解散の相談を受けたときは３通りの提案をします。①解散・清算結了登記をする。最低２回の税務申告が必要になるのでそれなりに費用がかかる。②解散登記はするが、そこで手続を終えて清算結了登記は行わない。③解散登記をせず、そのまま放っておく。株式会社なら最後の登記から12年が経過すればみなし解散になる。

● ②と③の場合でも税務署や都道府県、市町村に事業を廃止した旨を伝えれば、その後は書類を送ってこないし、均等割の課税もない。さらに、②の場合なら後に会社を必要とする場合は会社を生き返らせることができる（会社法473条）。

● 解散には官報公告（債権者除斥公告　会社法499条２項）が必要ですが、官報は解散や清算結了登記の添付書面にはなっていません。実務では解散について官報公告を行わない事例が多いと思います。

● ③で解散登記をせずに放ってしまう場合に、役員変更登記の懈怠に対する過料は、役員の任期が10年まで延びたので最後の登記から11年目に到着するのでしょうか。役員個人宛の請求なので気になります。

● 法務局は、個別の会社の役員任期がどうなっているのか把握していない（最長で10年というだけ）ので「11年目に到着する」ことはありません。次に登記をしたときに「平成○年に役員登記すべきところをしていませんね」と法務局にバレて裁判所から過料の通知書が送付されてくる。だから放ってしまう場合なら過料の心配もない。

● 有限会社なら貴重な存在なので解散しないで維持しておきたい。子が事業を始めるときに有限会社を再利用できれば便利です。法人税の申告書が残っていなければ、事業開始の時点でゼロから始めても税務署は文句を言いません。顧問先が事業を閉じる場合でも、それが有限会社なら譲って頂きたいくらいです。

2022/9/4

実務に役立つクールな話題　**会計帳簿の持ち帰りを要求された**

テーマ　コロナ禍の時代、税務調査を引き延ばしていたら、税務署から帳簿を借用することは出来ないかと提案された。これに応じますが、それにしても会社内で調査をする場合と、帳簿を持ち帰る場合で、税務調査の結果に違いが生じますか。やはり持ち帰らせない方が良いとか。しかし、持ち帰りを断る場合に、断る理由付けも難しい。

● 持ち帰らせない方がいいです。持って帰った分だけ付箋が増えます。特に所得税は経費を一つ一つ吟味される印象です。ただ、持ち帰りを断るとしても無理な屁理屈しか述べられないところがストレスです。断れば税務署も強行は出来ませんが。

● どうしても持ち帰りたいとなったら私は抵抗できない気がします。断る理由はない。持ち帰ってほしくないのは、納税者が「先生、持ち帰ったけど大丈夫か」と心配するのが嫌なだけです。ただ、昔の手書きの帳簿と異なり、帳簿自体が違和感を発するところはないので、持ち帰ってもらっても結果に影響はないと思います。

● 調査に立ち会い、特に何もすることがなく１日を付き合う。税理士にしてみたら、そこで用心棒を演じるという営業活動になりますが、しかし、不毛な１日です。昔の所得計上漏れが当然だった時代と異なり、いま、正直な申告をする人たちが大部分ですから、帳簿の持ち帰りは拒否しない。そのように大前提として決めてしまった方がお互いにストレスが少ないように思います。いまは帳簿の持ち帰りも珍しくないと納税者には説明して理解してもらいます。

● 持ち帰りの調査を承諾したら会社案内から始まる20の書類と、追加して組織図などの35の書類の提出の依頼がありました。おそらくこれを準備したら段ボール７箱分。税務調査の専用の職員が存在するわけでもなく丁重に断りました。現実離れした対応に苛立ちますが、相手は公務員、それも学校を卒業したばかりの新卒公務員かもしれない。そんなところで苛立った対応をしたらプロではありません。

2022/9/7

実務に役立つクールな話題　**遺留分侵害額の請求について更正の請求を行わない**

テーマ　遺留分侵害額の請求について、修正申告や更正の請求を行わなかった事案だが、その後の税務調査で相続財産が増加した場合の対応。

● 遺留分侵害額の確定時から４ヶ月以内に相続税法32条の更正の請求を行わなかったのだから、相続税法32条での再計算はできず、当初申告を前提にした修正申告しかあり得ないと思う。

● 遺留分侵害額の請求を基にした修正申告を納税者が求めることはできませんが、課税庁から遺留分侵害額の請求を前提にした更正処分はあり得ます（国税通則法24条）。

● なるほど。仮に、当初の申告で１億6000万円までの配偶者軽減を利用していたが、その部分から遺留分5000万円を支払っていた。しかし、更正の請求も、修正申告もせずに１億6000万円の配偶者に対する相続税額の軽減を利用していた。つまり、32条を適用すると相続税の総額が増えてしまう。

● そのような事案だと、課税庁が、遺留分を含めたところでの更正処分を実行すると思う。32条は納税者からの更正の請求に４ヶ月間の制限をおいただけであって、課税庁が遺留分の支払いを前提にした課税処分を行うことは自由です。ただ、その場合でも加算税と延滞税の請求はない。なぜなら遺留分侵害額の支払いを受けた者には申告期限が存在しないからです。

2022/9/8

実務に役立つクールな話題　**土地の評価単位の話**

テーマ　不動産鑑定士の芳賀則人氏が「納税通信」で土地の評価単位について批判をしていた。自宅敷地は公道に面した整形地1000㎡。その道路に面した140㎡を駐車場として利用すると、駐車場部分は雑種地として自宅敷地とは異なる評価単位になってしまう。

● 私も不思議議だと思っていました。自宅の隣の空き地を駐車場に利用すると雑種地として別区画になる。しかし、他人に権利を設定したくないから駐車場として利用するのであって、自宅と隣地の駐車場は一区画の土地だと思います。

● 芳賀氏も「もしも不動産鑑定士が『この自宅と駐車場の売買のために時価評価してくれ』と頼まれたのであれば、駐車場を自宅から切り離して評価することはまずあり得ません」と批判しています。

● 逆に、庭の一部を使用貸借で貸与して、息子夫婦が自宅を建築している場合は区画を区分しない。「所有する宅地の一部を自らが使用し、他の部分を使用貸借により貸し付けている場合には、その全体を１画地の宅地として評価します」と解説するのがタックスアンサーの「宅地の評価単位」です。

● 法律上の権利関係を区分の基準にするのか、物理的な利用方法の違いを区分の基準にするのか。これは法律上の権利関係で区分すると国税は考えているようですが、駐車場の利用関係まで法律上の権利と言われると芳賀氏と同様に大きな違和感を覚えます。

2022/9/8

実務に役立つクールな話題 **子育ての指針**

テーマ　子の進路として公認会計士、弁護士、税理士を考えてみた。もちろん、最終的には子自身の判断だが、親として進路を示したい。

● 公認会計士の多くは監査法人に勤めますが、40歳を過ぎたころには退職し、他の進路に進む人たちが大部分です。監査法人に残るのが難しいことと、仕事に飽きてしまうことが原因かと。ただ、入社して５年目で年収800万円の世界ですから恵まれています。

● 司法試験に挑戦するのなら予備試験に合格することが必要です。司法試験の合格率は45.5％ですが、予備試験の合格率は2.9％です。予備試験は旧司法試験の難易度を維持しています。予備試験に合格して、学歴が良ければビジネス系の大手事務所に勤められます。ただ、そこで残れるか否かは、やはり営業的なセンスかもしれません。司法試験で100番以内での合格であれば裁判官にもなれるし、検察官にもなれます。いま在野の弁護士より、任官が選択される時代です。

● 税理士が一番に難しい。５科目に合格するのに、おそらく平均して５年を要する。だから地方都市で子を税理士事務所の後継者にする場合は、始めから大学院コースを想定しています。その前に、まずは会計士試験に挑戦するのが王道です。

● 昭和の時代は商業高校卒、日商簿記１級、税理士試験が王道で、脇道としては会社に勤めてからの敗者復活戦としての受験でした。だから税理士には多様な経歴の人たちがいて面白い。親の地盤を承継できる税理士は良いとして、１からスタートする税理士は顧客の確保に苦労しているようです。それでも事務所を出して３年もすれば元気に活躍しています。

● もし、地頭のよい子だったら医学部に入るように仕向けるのが親としての務めです。国立の医学部が理想ですが、私立だって全く問題ない。入学金や授業料が高いといっても上位校ならサラリーマンでも支払える金額です。医学部の良いところは、医師国家試験に合格すれば100の職業に就けること。心臓血管外科、消化器外科、呼吸器外科から眼科、皮膚科、放射線科、麻酔科など、女性が働きやすい診療科目もあって、さらに大学病院に勤めることも、開業することも自由です。医学部入学は18歳の就職試験です。

● 多様な考え方がありますし、親の思うとおりには育たないのが子です。しかし、家庭の価値観を示すとしたら、税理士という資格商売の家庭では、資格がないまま子を社会に送り出すのは勇気が要ります。

● サラリーマンも働き方改革として、年功序列が壊されていき、終身雇用が保証されない時代。目標が定まらないまま子に勉強をさせる。それでは子にも目標が見えないのは当たり前です。サラリーマンに見えるのは良い大学を卒業した上司だと思いますが、その上司の生活が永久保証ではないのが現在の問題点です。子に、将来の生活のイメージを与える。それが、いま問われる子育ての指針だと思います。

実務に役立つクールな話題　**暗号資産を贈与後に売却した場合**

テーマ　「暗号資産に関する税務上の取扱いについて（情報）」では、暗号資産を贈与によって取得した場合は、贈与時の価額が取得価額になるとしている。含み益のある暗号資産の贈与を受け、その後すぐに受贈者が売却した場合は、含み益に対する所得税の課税は行われないのか。

● 贈与者に譲渡益課税をします。所得税法40条（たな卸資産の贈与等の場合の総収入金額算入）の適用です。贈与や第三者への特定遺贈の場合は、贈与等の時における棚卸資産の価額を事業所得や雑所得の総収入金額に計上します。所得税法施行令87条は暗号資産を所得税法40条に定める棚卸資産に取り込んでいます。

● 所得税法59条（贈与等の場合の譲渡所得等の特例）は個人への贈与や遺贈には含み益課税をせず、その代わり所得税法60条で贈与者の取得価額を承継する。しかし、所得税法40条は含み益課税をしてしまう。

● 所得税法59条は相続と贈与を同列に扱っていますが、所得税法40条は贈与のみを時価実現として、相続では時価実現を行わない。つまり、被相続人の取得価額を承継するのです。

● 「暗号資産に関する税務上の取扱いについて（情報）」のFAQの問４（暗号資産の取得価額）が解説しています。「相続人に対する死因贈与、相続、包括遺贈又は相続人に対する特定遺贈により取得した場合」は「被相続人の死亡の時に、その被相続人が暗号資産について選択していた方法により評価した金額」を相続人の取得価額にする。つまり、被相続人が採用していた帳簿価額が承継されます。

● 個人が酒屋を経営している場合と同じです。相続の場合は帳簿価額を承継し、贈与の場合は時価での譲渡とみなす。シャウプ勧告時の相続や贈与は時価を実現しましたが、それが修正されて所得税法59条と60条になった。しかし、40条では贈与は時価実現とし、相続は取得価額の承継とした。

2022/9/10

2022年９月11日～９月17日

実務に役立つクールな話題　**共有株式について考え方の整理**

テーマ　仮に、相続人が３名で、相続株式1000株があった場合には、各々の相続人は1000株を相続して所有するものとして同族判定する。しかし、共有株式は、共有持分をもって同族判定をするのが原則ではないのか。

● 共有株式は３つの場面で登場します。①民法上の共有（民法249条)、②従業員持株会などの民法上の組合（民法667条)、③相続人が数人あるときの相続財産の共有（民法898条)。これらを税法は区別して扱っています。

① 共有者は共有持分に応じた株数を所有する。

② ①と同じだが、取得時期と取得価額は組合員毎に分別して管理する。

③ 各人の所有株数は①と同じだが、同族判定については各々が共有株式の全てを所有するものとみなす。

● なるほど。②の従業員持株会について検討すれば、各々の構成員が株式を取得した時期も、取得した価額も異なる。これは区別して管理する必要があります。

● ③の相続株式であれば、誰が、どの株を取得するか未確定の時点では、誰か１人が全株式を取得する前提で同族判定をする必要があります。その後に遺産分割が完了した場合は、遺産分割で取得した株数を基に同族判定をすることになります。

● その全ての場合に、株主は各々の構成員個人なので、受け取った配当は配当所得になり、配当控除を受けられます。ただ、議決権の行使は①と③は多数決で（会社法106条)、②の場合は組合規約に規定するところによります（民法670条)。

2022/9/11

実務に役立つクールな話題　**事務所ビルの電気料金の値上げ**

テーマ　事務所が入居しているビルが、電気代の値上げに対応するということで令和４年９月から単価（１kWh）36円の請求がきました。８月までと比べて25％の値上げです。

● 地域によって変動幅が違うので一概には言えませんが、中国地方で電気代の前年比は３割程度値上げしている印象をもっています。

● 30％も値上がりしたら社会問題だと思います。「東京電力ホールディングスの標準的な家庭の１ヶ月当たりの料金は８月比８円高の9126円」という報道があります（令和４年７月28日）。８円高の9126円なら１％以下の数字です。

● 私の事務所の値上げ率は20％です。東京都なので、東京電力管轄だと思いますが、貸主は新電力から東京電力に戻ってきたからだろうか。JEXP（電力売買市場スポット価格）は30円／kWh なので、それほど理不尽な値上げではないのかもしれません。

● 電気代など気にしなかったのですが、請求書を見たら単価22円。東京電力管内です。３割の値上げは、安い電力会社が倒産して、東京電力に戻った事案ではないですか。東京電力に戻ると高い値段しか使えないと聞いています。

● どこから電力を購入するか、それが市場の自由化と言われて制度が導入されたのですが、ちょっとした為替の動きで逆転してしまうのでは素人は参加できません。被害を受けるのは安物買いに飛びついた家主が経営するビルのテナントです。

2022/9/13

実務に役立つクールな話題　**介護老人ホームに母親が入所後の住まいに戻ってきた長女**

テーマ　母と長男が同居していたが、母が介護老人ホームに入所。その後に生計別の長女が長男と同居し、母は介護老人ホームで死亡。その場合でも長男は特定居住用小規模宅地の特例が受けられるのか。租税特別措置法施行令40条の２第３項は「被相続人等（被相続人と前項各号の入居又は入所の直前において生計を一にし、かつ、同条第１項の建物に引き続き居住している当該被相続人の親族を含む）以外の者の居住の用」はダメとしている。

● 長男は「引き続き居住している当該被相続人の親族」なので特例が受けられます。「以外の者の居住の用」がダメなのは、長男の居住を排除（転居）して、長女が住まうようになったらダメという意味です。

● 長男以外の者が居住（同居）したらダメと定義したら、長男が結婚して妻が同居することになった場合はダメで、母と同居していた孫夫婦の間に子が生まれた場合もダメになってしまう。

● なるほど。母親が介護老人ホームに移動した後に入り込んできた長女は住まいを相続しても特例の適用は受けられない。しかし、それ以前から居住していた長男は、その後も居住を続ける限りは特例の適用が受けられる。だから長男が結婚した場合も、長女が入り込んできて同居した場合も、長男が居住を続け、長男が相続するのなら特定居住用小規模宅地の特例が受けられる。

● しかし、税務通信3719号の「小規模宅地等の特例の実務」は長女が自宅で居住を始めたらダメと解説しています。税務通信の事例は、①被相続人は、配偶者（妻）と自宅で居住していたが２年前に老人ホームに入居した。②配偶者（妻）が自宅で一人暮らしをしていたが、高齢でもあり、介護も必要なことから、１年前に長女が同居するようになった。そのような場合は住まいを配偶者が相続してもダメとするのが税務通信の解説です。

● 解釈が異なっているのでは私どもの議論は実務の指針になりません。しかし、在野には公定的な解釈を行う権限がない。このような事例が登場したときのチェック項目として結論が出ないままの原稿とします。

2022/9/13

実務に役立つクールな話題 **会社の資産に計上されているが登記名義は個人**

テーマ　新しく関与することになった法人です。法人の資産として計上されているマンションの一室ですが、登記簿謄本を取ってみると、所有者は法人の代表者。その場合どのように対応しますか。

● ゴルフ会員権など、個人会員権を会社で資産計上するのは一般的な処理です。車両なども、個人名義で会社所有の場合は多いと思います。

● 不動産には名義不動産はなく、登記主義だと考えていました。個人名義で所有していれば、個人に家賃を支払い、個人側で不動産所得を申告しています。

● 違います。法人税法は貸借対照表主義です。貸借対照表に記載されているのに、登記を理由に否定したら、借方と貸方のバランスが崩れてしまいます。名義などは、登記留保、仮装登記など、実態と異なる場合はいくらでもあります。登記を基準にされたら税務署は管理不能になってしまいます。

● 贈与税の通達ですが、真の所有者と登記名義が異なることを税務は正面から認めています（名義変更等が行われた後にその取消等があった場合の贈与税の取扱について）。住宅公団物件など個人でしか買えない場合です。

● 実務的には、火災保険と自動車損害賠償責任保険で矛盾が生じてしまいます。火災保険は他人の建物でも加入できますが、その他人が登記名義人なのか。事故が起きると金額も大きく、あたふたしても手遅れなので登記名義は真実に合わせておくのが原則です。

2022/9/14

実務に役立つクールな話題 **固定電話は税務署と裁判所**

テーマ　この頃は固定電話は裁判所と税務署だけです。いや、ときどきは営業、間違い電話。メールやLINEが浸透し、仕事の連絡では固定電話を使いません。

● 固定電話は税務署が5、その他役所が5、営業電話が90です。皆さん、固定電話で話す能力が落ちてきていないだろうか。

● 昔は、事務所の電話は秘書が取るものと思っていた。極端には電話を取るために人を雇っているようなものです。しかし、コロナ禍で早帰りなどを奨励している内に、私が直接に電話を取らざるを得なくなりました。しかし、そんなことは、それを意識している私の問題であって、いや、意識するから、その意識が相手に伝わる。いま、固定電話などを秘書に取らせるローカルな事務所がおかしい。そういう意識は捨てて、私が直接に電話に出た方が相手も嬉しがります。

- 電話は感情が伝わるので面倒です。今日、腹を立てて、ちょっと感情的なやり取りになりそうな税務署への連絡事項があったのですが。いや、丸っこい話が出来たので満足していますが、これがメールなら事務処理的に送信できます。
- 面談なら、生活歴、経験、年齢、表情などの私の全てが一瞬に伝わるので感情的なやり取りにはなりません。しかし、電話は、それらが伝えにくい。能力、知恵、経験、思慮などを必要とせずに、誰もが対等な会話になってしまうのが電話です。「やあ」と笑いかける場面があれば、全ては笑いながらの会話で済ませられるのですが、電話には「やあ」と笑いかける場面がありません。
- Zoomなど、意識して「やあ」と話しかける。つまり、雑談部分を最初に挟み込むのが感情的にならない対策になると思います。web裁判では裁判官が登場しますが、そこに一言、緩い話を持ち込むようにしています。

2022/9/14

実務に役立つクールな話題　**税理士法人の出資持ち分の払い戻しと相続税法９条**

テーマ　税理士法人の社員が退社するについて、純資産に出資割合を乗じた金額でなく、当初の出資額のみの払い戻しで退社したら課税関係が生じるか。

- 合名会社の出資持ち分は、出資者各々の個別管理で、①損益分配の割合は定款に従い、定款に定めのないときは、②各社員の出資の価額に応じて定める（会社法622条）。税理士法48条の21は会社法622条を税理士法人に準用しています。つまり、①か②の割合で利益積立金の払い戻し請求権を持つので、出資持ち分の払い戻しだけで退社したら、残った社員に対してみなし贈与（相続税法９条）の適用があると思う。
- 社員が死亡した場合なら、死亡、即、払い戻し、即、配当所得なので裁量の余地がないのですが、生前の退職ならいくらを払い戻すかは自由でしょう。退職金を支払った方が税務上も有利です。そのことについて相続税法９条など現場は適用していないと思います。

● 現実的に、税理士法人で、税理士の退社について時価純資産の出資割合の払い戻しなんて実行しないし、簿価純資産の払い戻しも実行しない。同様の計算をする経過措置医療法人の場合は、設備などもあり、出資額全額の払い戻しは不可能です。それに贈与税を課税したら批判が出ます。

● 勉強している人たちは、即、相続税法９条と言いますが、９条が適用された案件は租税回避事案に限ります。私も９条を主張されたことがありますが、租税回避の「事実」の否認が出来ないので「理論」で否認してきた事例です。

● 正面から照会すれば、簿価純資産の払い戻しをしなければ相続税法９条の適用という回答が戻ってくると思いますが、現実に、相続税法９条が適用された事例なんて見たことがありません。

2022/9/14

実務に役立つクールな話題　**配偶者居住権が設定された建物についてのリフォーム**

テーマ　配偶者居住権が設定されている建物については、通常の必要費は配偶者が負担し、大規模修繕は所有者が負担することになる（民法1034条）。この建物について配偶者がリフォーム代を支出したら贈与税の話が出てくるのか。

● 親の建物に息子がリフォームをすると贈与税が課税されるという都市伝説がある。タックスアンサーも「親が子供に対して対価を支払わないときには、親は子供から増築資金相当額の利益を受けたものとして贈与税が課税される」と解説していますが、これは「親名義の建物に子供が増築した場合」です。

● 増築によって建物の大きさが変われば、そこで贈与を認識しますが、単なる改築のリフォームには贈与税を課税しないと思う。

● 課税された非公開裁決があります。「請求人の母が工事費用を負担した請求人所有の居宅の改修工事について、相続税法第９条に規定する経済的利益に当たる」とした裁決です（平成29年５月24日名裁）。

● ご紹介の非公開の裁決事例は、要旨を読む限りでは、母親が息子の居宅の改築費用を負担した事例で、改修費用が2700万円、息子には年額2000万円の所得があった事案。つまり、相続税の節税を想定した租税回避事案のように思えます。

● 両親と同居するために父親が所有する自宅を息子が改築する。その場合に贈与税が課税されるとは思えない。そもそも改築では贈与税の対象になる固定資産評価額の増額もありません。

● 贈与税の課税を避けるため、改築に先立って建物を父親と共有名義にする。そのような解説がありますが、そのような解説があると、逆に、リフォームには贈与税が課税されるという都市伝説が完成してしまう。それは常識や現場感覚がなく、知恵だけで判断する人たちの間違いだと思う。

● 設問ですが、母親が、自分の年齢に合わせてバリアフリーなどの改築をする。それについて息子に贈与税が課税されるとは思えません。ただ、配偶者居住権を設定しても息子夫婦と同居することは可能ですから、実際には息子夫婦の為の改築であると思われる場合で、その改築費用が高額なら非公開裁決と同じ理屈で贈与税の課税もあり得ます。母親の死亡時の相続税対策になってしまう場合です。

2022/9/14

実務に役立つクールな話題 **登記情報提供サービスの利用法**

テーマ 登記情報提供サービスで取得する会社謄本に代表者の住所を記載しないことにする。そのような省令案に対してパブリックコメントが求められていましたが、反対意見が多く、住所の記載は維持することにした。

● 「現在の法律実務等に与える影響が大きい」「詐欺的な人物等が関与する企業との取引を排除するために必要」「政府が唱えるDX等と反対の施策であり、紙ベースの情報に依存することになる」など、パブリックコメントで反対意見が噴出していた。そのような報道です。

● 「施行直前の省令案が変更されるのは異例だ」と報道されていますが、「政府が唱えるDX等と反対の施策であり、紙ベースの情報に依存することになる」と書き込んだのは私です（『税理士の実務に役立つホットな話題』（財経詳報社）170頁）。

- パブリックコメントに意見を書き込んでも、やっている感を出すためのセレモニーと思っていましたが、意見が反映されることには驚きです。
- 新しい取引先の信用調査をするときには、興信所で信用調査をするより、登記情報サービスで会社謄本を取得し、代表者の住所を確認したら、google マップで代表者の自宅の様子を見て、さらに自宅の不動産登記簿謄本を入手する。自宅敷地の面積と、自宅を取得した年月日と登記原因、乙区の担保登記の歴史、一番に近い駅と、その地域の土地柄。それで、ほぼ代表者の資産状況や生活内容が確認できます。
- 会社謄本でもイメージは掴めます。設立年月日は当然として、近年中の代表取締役や会社住所の変更。会社の目的に統一性があるのか。目的に不動産取引や貸金業を含む場合は社長の個性が見えます。種類株式や新株予約権を使っていれば、それも社長の個性です。これらが332円で確認できるのですから、まさにお安いサービス。
- 登記情報提供サービスの利用時間が、令和４年10月１日からは、平日は８時30分から23時まで、土日祝は８時30分から18時まで。ますます便利になります。

2022/9/15

2022年 9 月18日～ 9 月24日

実務に役立つクールな話題　**「３年以内の分割見込書」を必要とする場合**

テーマ　配偶者に対する相続税額の軽減（相法19の２）については当初申告要件が廃止されたので、未分割で相続税を申告し、その後、遺産分割が完了した後の更正の請求も可能。ところが「３年以内の分割見込書」の書式には「適用を受けようとする特例等」として「配偶者に対する相続税額の軽減」の記載がある。

● 配偶者に対する相続税額の軽減は、①期限後申告、②修正申告に限らず、③更正の請求でも認められている。当初申告要件が廃止されたのだから当然です。「３年以内の分割見込書」の提出は不要だと思っていました。

● 配偶者に対する相続税額の軽減も、小規模宅地の評価減の特例も、申告期限までに遺産分割が完了していることを大前提として、①申告期限から３年以内に分割された場合と、②３年が経過した後でも訴えの提起などのやむを得ない事情がある場合の２つの取り扱いがある。②の場合は、３年経過の日から２ヶ月内の税務署長への承認申請が必要（相続税法19条の２第２項、相令４条の２第２項）であり、これを失念した場合は救済がない。

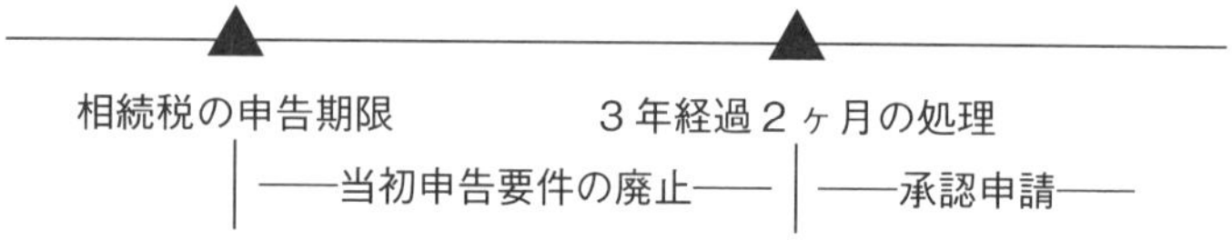

● なるほど。配偶者に対する相続税額の軽減についても、未分割の場合には「３年以内の分割見込書」の添付が要求されているのは、それが３年間に限った猶予であることを納税者に知らしめるための書類なのですね。そのために３年内に分割すると宣言させておく。３年を経過して２ヶ月内の承認申請を怠ったら、それは納税者の自己責任だと知らしめておく。

● 当初申告要件が廃止される前の実務だが、「３年以内の分割見込書」を提出していない事例で配偶者軽減を問題なく認めてもらった経験がある。「３年以内の分割見込書」を添付しなかった場合に、本当に遺産分割時の小規模宅地特例の適用が否定されるのか。

● 「３年以内の分割見込書」を添付しなくても小規模宅地特例を認めると思います（租税特別措置法69条の４第４項）。宥恕規定（同法８項）もありますし、素人が申告書を作成する前提になっている相続税の申告で、手続違反を問うことは不合理です。

● 租税特別措置法69条の４第５項は相続税法32条１項の規定を準用して更正の請求を認めています。小規模宅地の特例は当初申告要件は廃止されていませんが、未分割遺産を３年内に分割した場合なら更正の請求も認めます。

● 確かに、いや、しかし、税理士というプロとしては「３年以内の分割見込書」の提出を省略するという実験はできない。しかし、これが添付されていない相続税の申告の後始末を依頼された場合の知識としては貴重です。

2022/9/18

実務に役立つクールな話題 **女性も働く時代の真相**

テーマ　給与額をメールで知らせてくれる転職サイトがある。そこに登録していますが、年収1200万円から2500万円の会社があり、312万円から400万円の会社がある。200万円から350万円の会社もある。サラリーマンと一言で語ってしまいますが、これは違う職業に思えてしまう。

● 弁護士などは、おそらく所得２億円から400万円の幅がありますが、それなりの理由のある差異です。税理士の場合なら5000万円から500万円の幅でしょうか。それも納得できる差ですが、拘束時間で働くサラリーマンに、なぜ、これほどの企業格差があるのか理解するのが難しい。

● 年収3000万円以上の王様、2000万円以上のお代官様、1000万円以上の名主様、500万円以上のお役人様、それ以下の水呑百姓、小作農。

● パート職員ならともかく、200万円から350万円が一家の主人の給料だったら、どうやって生活するのだろう。これが「女性も働く時代」が到来した理由なのかも。つまり、「女性も働く時代」ではなく、「女性も働かなければ生活できない時代」です。

● 年収120万円を稼ぐためにパートで働く。それも「女性も働く時代」と肯定的に定義してしまいますが、「女性も働かないと生活できない時代」。そのように定義すれば社会が見えてくる。生活できない給料を支払って「雇用」なんて言っている方がおかしい。

● １人当たりの人件費を上げたら、コストが上がって、製品の国際競争力が下がる。国内消費のためにも値段は上げられない。値段を上げるのではなく、原価を下げる自主努力で解決する。これはトヨタ自動車の「カイゼン」で、工夫が足りない、努力が足りない。そう言われてしまえば反論が出来ない。押しつけられるのは下請、非正規社員、正規社員の順番。

● 足らぬ足らぬは工夫が足らぬ。工夫が日本の国際競争力を増したのですが、そして、それが製造業の時代だったのですが、IT の時代の工夫は経費の節約ではない。しかし、昭和の時代から発想は進化していない。

● 「働く女性」がブームですが、それは成功した女性の発言力が高く、自分たちの人生を肯定（自慢）するための発言。パートの女性に「女性も働く時代」なんて主張をするゆとりがあるはずがない。そんな妄想の言葉に煽られてしまうのが「働く女性」たち。そして副業解禁として「君の責任は取れない」と雇用主が宣言してしまった時代。我が子に、どのような進路を示すべきかが見えない時代です。

2022/9/19

実務に役立つクールな話題　**税理士の責任概念、社会の責任概念**

テーマ　学校法人の監事を頼まれたのだが、責任の割には報酬が安すぎる。これを受けるべきなのか否か。

● サラリーマンや公務員の「責任概念」は、私たちの「責任概念」とは全く異なります。私たちの責任概念は金銭的な賠償責任と名誉と信用ですが、サラリーマンや公務員の責任概念は始末書です。そして私立大学こそが、もっとも典型的な公務員気質で成り立つ組織。

● 「『俺たちには責任があるから』なんて勘違いした発言をする方を監事に推薦しない」。それがサラリーマンの責任という概念です。いや、しかし、お互いに自分の世界にしか住んでいないので、相手の世界の価値判断は分からない。

自営業者にあるモノ	公務員にあるモノ
民事責任	組織での立場
稼ぐ	予算の消化
決定	前例
解決策を検討する	自分の仕事から外す方法を考える
結論を出す	直ちに対応する（結論は求められない）
仕事を引き受ける	自分の仕事にしない
説明できる対応	説明する必要の無い立場
顧客に自分をアピールする	自分が登場しないのが一番
点を取るのが実績	マイナス点を取らないのが実績
努力と売上、報酬	何もしなければ減俸はない
人生を積み上げるのが目的	何もしなければ減俸はない
人生を積み上げるのが目的	問題を起こさず日々過ごし退職年齢

● それぞれが、そのような生き方を社会の常識だと考えている。共に相手方の常識を考える発想がない。相手も自分と同じ常識だと思い込んでいる。

● 社会の中心から比較したら辺境の地に住む税理士という職業。だからこそ、自分の非常識と比較した社会の常識が分かるはず。これが社会の中心にいて、常識にどっぷりと浸かっていたら、自分たちの常識を顧みる発想は持てません。その典型例が公務員という人たち。社会の常識と比較した自分たちの常識を実感する。それが税理士業の楽しさの一つです。

2022/9/19

実務に役立つクールな話題　**職員のパソコンの利用状況のLOGを取りたい**

テーマ　職員のパソコンの使用状況を細かくチェックしていませんでしたが、私の不在時間に、当方の関与先でない法人の業務をしている可能性を発見しました。事務所内の情報の管理に神経質になるべき時代。ログを取得するソフトのお勧めはありませんか。

● 私は「LogZo V3」を利用しています。ログが保存されるフォルダは隠しファイルの設定にしています。

● パソコンにUSBメモリーを差し込むと、そのUSBメモリーの内容をパソコンにコピーするというソフトを組み込んでいます。以前にはパソコンのUSB端子を物理的に使えないようにしていたのですが、どうしてもUSB端子を使う必要が出てきたため諦めました。限定したUSBメモリーしか使えないように設定出来るソフトもあります。

● 「ManicTime Pro」というアプリも使えます。自分自身のパソコンにインストールしています。自己管理のためなので、事務所のPC、自宅のPC、モバイルノートPCでいつどのPCで何をしたか記録されているので、過去の自分を辿るのに使えます。

● 私など、ほとんどの時間は惰性、暇つぶし、繰り返しの処理ではないかと。使用歴のLOGが残るソフトを入れて自分を反省する必要がありそうです。

● CIAや、トランプ氏事件。なぜ、情報の持ち出しが露見するのかと思ったら、このようなソフトがあるのですね。大会社のサラリーマンは、このようなソフトで業務内容が監視されているのでしょう。「はま寿司」の仕入原価のデータが「かっぱ寿司」に持ち込まれたという不正競争防止法事件が騒がれていますが、このようなソフトが監視していたのか、いや、その対策を取っていないから持ち出されてしまったのか。

● 私が大昔に関与していた貸金業者は外部端末を接続不能にしていました。そうしたらディスプレイを写真撮影して持ち出した内部告発者が出現しました。大会社には何百人、何千人が働き、明日には競合他社に転職する時代なので、情報の管理はCIAに劣らないと想像します。

2022/9/20

2022年 9 月25日～10月 1 日

実務に役立つクールな話題　**ドル建ての預金をしたら**

テーマ　「外国通貨で支払が行われる資産の販売及び購入、役務の提供、金銭の貸付け及び借入れその他の取引」を行った場合には「外貨建取引を行った時における外国為替の売買相場により換算した金額」によって各種所得の金額を計算するものとする（所得税法57条の３第１項）としていますが、これと貸株取引の違いが気になる。

● なるほど。貸株、貸米、金現物の貸与、ドル紙幣の貸与（ドル預金）。全て消費貸借です。代替物の貸借なので、同等のモノの返還が許されるのですが、為替差損益が実現するのはドル紙幣（ドル預金、ドル建て貸付）の貸与に限る。

● では、貸株とドル建てをハイブリッドにしてドル建ての株式を貸したら為替差益が認識されるか。これは否ですね。ドル先物の取引をしたら、空売り時点で為替差益が認識されるか。これも否です。

● おそらく、ドル紙幣は、そのモノの価値が投資価値にあるのと同時に、そのモノとしては価値を持たず、支払い手段であることの差異だと思います。つまり、決済手段ですから、後に代替物（同じドル単価）で返還されるとしても、支払いの度に決済としては完了してしまう。そのような考え方だと思います。

2022/9/25

実務に役立つクールな話題　**会計処理を優先し、別表で調整する**

テーマ　株式移転における完全親会社の会計処理を知りたい。税務上の処理と異なるので記憶できない。

● 税理士の顧客の90％は非上場のオーナー会社です。企業結合会計基準の会計処理をするのは実務音痴ではないでしょうか。株主総会の招集通知を送付して、株主総会を開催していますか。会社法を守る会社は少ない。正しい会計処理をして、それを別表で調整している人たちは無意味な労働をしているだけだと思います。

● 別表に１行追加するだけの話ですから、正しい処理をして笑われるとは思えません。いや、しかし、株式移転を税法基準で処理して実務上の問題が生じるとしたら配当可能利益の額が少なくなること。多額の配当が必要になったときに配当ができない。99.99%生じない状況ですが。

- 合併、分割、株式交換、自己株式の取得、資本剰余金の配当。それらについて会計処理の知識をストックすることが面倒くさい。グループ法人税制の譲渡損益繰り延べ勘定、寄附金と受贈益の会計上の処理は税法とは異なるのだろうか。
- しかし、それを言い出すと特別償却などは会計には存在しないし、耐用年数も会計基準は一つも存在しない。上場会社には特有のルールがありますが、私たちの仕事は実利実益の税法ルールです。会計基準を優先し、それを別表で調整するという面倒な処理は省略しても実害はありません。

2022/9/25

実務に役立つクールな話題 **相続税の申告にあたっての過去の預金調査**

テーマ　相続税の申告を引き受けたが、税務調査があり、預金口座を隠していたことが露見。相続前から相続後にかけて何度も預金を引き出していた。預金は絶対に露見すると何度も念押ししたのですが。

- 預金の出入りや、名義預金の確認は税理士によってずいぶんとやり方に差があるようです。相続専門の税理士法人などは割と細かくやっている感じです。税理士報酬に見合う作業量のアピールもあるかもしれません。
- 残高証明では直前引出額が計上されないので、必ず通帳はあるだけ見ます。不安な引き出しが散見されれば５年の取引履歴をお願いしています。
- 私も直近の引き出しがあるかどうかだけでなく、過去の預金の動きは出来るだけ見て内容を確認するようにしています。通帳がなければ取引履歴を銀行から取り寄せて頂くこともあります。
- 同居している家族なら、家族の収支は、家族が一番に知っているのだから、３年以内贈与とか、相続時精算課税、それ以前の資金の贈与、家族名義の預金などは相続人に質問すれば十分だと思います。

それ以上に過去の預金通帳の提出を求め、銀行にまで取引内容を確認したら、私なら「なんで、私の財産調査をするのか」と怒ってしまいます。さらに、我が家の通帳の10年分を持ってきても、とても分析できません。

- この頃の相続税の調査率は20%ですね。相続人が税理士に脅かされて家族の預金を相続財産に加えた。しかし、税務調査がなくて、あれは申告する必要があったのかと後悔が残る。本人が語る以上に相続人の財産に手を入れるべき事項でもないように思います。
- 調査が確実な案件で、多額の生前贈与を意図的に行っている。発覚すると仮想隠蔽で配偶者の相続税額の軽減がアウトになるかもしれない。そういうのは異例な事例として対応しますが、私が不思議なのは、だからすべての申告で10年分の通帳の調査が必要だ。税理士の大半は本気でこんなことを考えているのですか。少額の申告を毎年数件していますが、通帳など見もしていませんし、厳しく調査すればよかったなど後悔することは一切ありません。
- 通帳があるなら提供してもらって見ます。生前贈与や名義預金の可能性をチェックするよりも、相続前後の入出金を見ないと、相続財産や債務の漏れが生じると思います。
- 真面目な仕事をする税理士が語ると、それは批判できない。そして業界標準のような雰囲気が出来上がってしまいます。しかし、税理士は納税者にリスクを説明し、納税者が資料を提出する。それ以上の財産状態の調査はプライバシーの侵害です。収支が不明な預金通帳など見せられたら、そこから否認事項が生じた場合には、税理士には見せていたと言われてしまいます。

2022/9/27

あ

か

さ

た

な

は

ま

や

ら

《著者紹介》

関根　稔（せきね　みのる）

昭和45年　公認会計士二次試験合格
昭和45年　税理士試験合格
昭和47年　東京経済大学卒業
昭和47年　司法試験合格
昭和49年　公認会計士三次試験合格
昭和50年　司法研修所を経て弁護士登録
平成２年　東京弁護士会税務特別委員会委員長
平成４年　日弁連弁護士税制委員会委員長
税務大学校や青山学院大学大学院講師を歴任

taxMLというメーリングリストを開設し、21年間について、1日に30件から150件のメールをやり取りし、税法と税法関連業務の情報を交換し、多数の税理士事務所からも税務相談を受けるなど、税法の実務の情報が大量に集まる法律事務所を経営している。

著書に『税理士のための百箇条』『続・税理士のための百箇条』『続々・税理士のための百箇条』『相続の話をしよう』『税理士のコーヒータイム―税理士のための百箇条 第4弾―』『税理士の実務に役立つホットな話題』財経詳報社、『組織再編税制をあらためて読み解く』共著・中央経済社、『相続法改正対応　税理士のための相続をめぐる民法と税法の理解』共著・ぎょうせいなど。

税理士の実務に役立つクールな話題

令和５年１月５日　初版発行

著　者　関　根　　稔
発行者　宮　本　弘　明

発行所　株式会社　財経詳報社

〒103-0013　東京都中央区日本橋人形町1-7-10
電　話　03（3661）5266（代）
ＦＡＸ　03（3661）5268
http://www.zaik.jp
振替口座　00170-8-26500

落丁・乱丁はお取り替えいたします。
印刷・製本　創栄図書印刷

ISBN　978-4-88177-495-3